VOYAGE À LILLE (FRANCE)
(Nouvelles posthumes)

DOMNITA GEORGESCO-MOLDOVEANU

Agora Books™
Ottawa, Canada

Voyage à Lille France

© 2023 par Domnita Georgesco-Moldoveanu

Tous droits réservés. Aucune partie de ce livre ne peut être reproduite ou transmise sous aucune forme ni par aucun moyen électronique ou mécanique que ce soit, y compris la photocopie, l'enregistrement ou tout autre mode de stockage ou de consultation de l'information, sans en obtenir au préalable le consentement écrit d'Agora Éditeurs.

Les points de vue, opinions et perceptions de l'auteur du livre ci-inclus exprimés dans ce texte visent à soutenir une discussion sociale civile et créative au Canada et à l'étranger.

On a pris soin de retrouver la propriété / la source de toutes les références faites dans ce texte. L'éditeur accueille toute information qui permettra une rectification dans les éditions ultérieures de toute référence ou crédit incorrect ou omis.

Agora Éditeurs
B.P. 24191
300, chemin Eagleson
Kanata, Ontario K2M 2C3 CANADA

Agora Éditeurs est une marque commerciale de l'Agora Cosmopolite, une société à but non lucratif.

ISBN 978-1-77838-041-9

Imprimé au Canada

Table de matières

Avant-propos | 5

Un mot de la sœur de l'auteur | 13

Portrait d'une dame française mal aimée | 15

Getuta | 67

Esquisse de portrait illusoire | 74

Le bain rouge
(Esquisse de l'effondrement d'une prison à vie) | 85

Voyage à Lille (France) | 96

Enceinte | 104

Interdit d'aimer ! Défense de rêver ! | 117

Avant-propos

Quel est donc le secret de Domnita Georgesco-Moldoveanu pour que ses œuvres réveillent l'enchantement et la candeur ? Le profond sens philosophique ? Le noble message ? La magie poétique ? Le dynamisme ? L'inventivité sans bornes ? La fraîcheur vivace des personnages ? Ou bien l'aspiration ascendante vers la perfection, la lumière, l'absolue ? On laissera les lecteurs décider cela eux-mêmes. Ce qu'on peut dire dès le début c'est que la conscience est l'axe fondamental dans son œuvre. C'est l'idéal que l'auteure a poursuivi toute sa vie. D'ailleurs, voici les mots avec lesquels elle a commencé un de ses livres intitulée Adieu rêves ? : « Vivez votre Conscience face à l'Absolu, vivez en véritable être humain responsable, c'est maintenant même que vous avez la chance de le faire. »

Née en Roumanie, Domnita Georgesco-Moldoveanu a fait partie d'une famille nombreuse d'intellectuels. Ce milieu lui a favorisé une précoce culture et lui a stimulé la créativité.

À trois ans, elle invente des jeux ; à quatre ans – son premier conte, et à six ans – son premier poème ! Depuis, elle n'arrête plus d'imaginer des contes, et pendant l'école primaire elle commence véritablement à écrire. À treize ans, elle commence son premier roman, et écrit une pièce en deux actes, et ses premières réflexions.

À quinze ans, pendant l'école normale, Domnita publie sa première nouvelle. Après une brève période de travail avec les enfants de la campagne où elle organise des festivités artistiques et poétiques pour lesquelles elle écrit des pièces de théâtre, elle commence à écrire un livre pour les enfants. Elle fait ensuite des études de littérature à la faculté des lettres à l'Université de Bucarest. Elle est assistante dans l'enseignement universitaire à la chaire d'Esthétique du conservatoire de musique de Bucarest et chargée de cours de littérature roumaine à la faculté de cinématographie de Bucarest.

En 1972, après avoir publié et republié plusieurs livres pour les enfants et un volume de poésie, elle devient membre de l'Union des écrivains de la Roumanie. La même année, elle s'établit en France. Depuis, elle écrit uniquement en français (deux romans, des nouvelles, des réflexions, des notes, un journal, un roman en forme de journal, des scénarios de dessin animé.

Voilà ce que cette femme douée d'une grande sensibilité a écrit dans son journal au début de son émigration :

« Le merveilleux peuple français m'a reçu les bras ouverts. Mais moi, j'ai froid et j'ai peur. Je suis toute seule et toujours une étrangère. Mon cœur est comme le bouton à fleur qui ne peut pas s'épanouir sans le soleil de son pays. Toutes sortes de prévisions sinistres parle du futur de la planète, de changement géophysiques, de mutations – la peur et le froid s'empare de moi … Je veux chercher refuge au sein de ma mère, de ma langue, dans mon pays. Là-bas, avec mes sœurs et mes frères, avec mon peuple, avec mes aïeuls, avec les enfants de mon pays … En ce moment, là-bas, seulement là-bas, j'ai l'impression que je n'aurais plus peur de rien. Maudite soit la terreur, maudit soit tout le mal qui sépare et tue, qui brise le cœur des gens … Maudite soit l'hostilité entre les peuples, la haine entre les gens et la malhonnêteté … »

Après un bout de temps, elle écrit :

« Je n'ai plus écrit rien depuis longtemps. La misère, les soucis, et l'inquiétude paralysent mes mains et cette humilité me pousse hors de moi le cri d'un désespoir sans trêve que personne n'entend … Je suis une étrangère, une étrangère … L'hostilité cachée sous des sourires aimables m'exaspère. Ma prière muette envers le ciel est mon seul ami, dans l'ardeur de mon âme … L'image de ma mère éloignée me déchire le cœur … Je sais que ma famille attend que je me réalise, pour leur donner la satisfaction d'avoir eu confiance en moi … Avec tout ce débattement épuisant, je dois quand même continuer à écrire … J'ai quelque chose à dire de cette expérience gagnée avec des bouts de mon existence … Je sens naître en moi l'offrande importante que je peux offrir à mon pays, à tout ce que je chéri là-bas et à tous que j'aime là-bas. Je me rappelle maman, presque toujours debout. Même à mon départ, elle a dû attendre debout dans le balcon afin que je tourne encore une fois vers elle … Oui, maman a dû attendre dans la nuit, en m'accompagnant de son regard quand je suis partie loin d'elle, pour toujours. Je le sais, même si je n'ai pas tourné … Maman …

debout à jamais, dans mon cœur en larme, dans mon cœur fendu … »

Et encore :

« Quel arbre fruitier, arraché pendant qu'il est en fleur et repiqué ailleurs, peut encore porter des fruits ? Un autre longue peine et attente, un autre printemps sont nécessaires … Depuis plus d'un an, je n'ai plus rien écrit …

« Viens-ici, penche-toi au-dessus de moi, étale ta pensée sur mon blanc », me dit ma feuille blanche … « Retourne toi ! », bruisse-t-elle. Une mer blanche s'étend devant mes yeux. Il attend le mouvement de ma main et mon âme vibrantes, et mon souffle ardent pour lui faire vibrer l'onde de vie … Viens, Inspiration ! Je te conjure, Lumière, envahit mon esprit ! »

Après une autre période :

« Enfin, ma sœur arrive. Je sens une onde de joie dans mon cœur. La joie de pouvoir porter plaisir à ceux que j'aime dans mon pays et qui attendent de moi des importantes réalisations m'a redonné l'espérance et la confiance en moi. Depuis sept ans je n'ai plus vu mes frères, mes sœurs et ma mère, pauvre Chérie ! Oui, l'espérance peut renouveler une vie …

C'est étrange comme l'homme peut changer dans des conjonctures particulières, lorsqu'il est forcé d'agir et se comporter d'une façon particulière, mis dans la situation d'aimer un autre monde, de réagir, de lutter contre les autres ... La vie s'anéantit entre les vies des autres, s'intègre plutôt d'après leur propre mesure que de la sienne, l'homme se transforme ... Peu à peu, il perd l'habitude sa vieille vie et oublie beaucoup de ce qu'il a laissé en arrière ... Le rêve ou le vieux cauchemar s'éteint en lui. Il ne se reconnait plus lui-même, il ne peut plus remémorer son soi antérieur. Et même si le bonheur était juste rêvé avant, elle ne revient plus ni même dans le rêve ... »

À ce point-là, malgré sa solitude et le paysage de bouleversement continuel où elle doit se démêler, elle recommence à écrire : son journal, des romans, des nouvelles, des réflexions, des notes pour d'autres romans commencés ou envisagés.

Son livre « Les contes des étoiles ou Il y aurait une fois ... » nous présente de vrais poèmes en prose enchanteurs, imprégnés de philosophie, d'éthique et d'esthétique, et d'une créativité débordante. Ces contes s'adressent à un large public : enfants, adolescents, adultes ... Imagination pleine de charme, personnages d'une fraicheur surprenante, noblesse du message, aspirations héroïques, humour, intelligence, sagesse, humanisme … Ces contes pousseront à la méditation parents, éducateurs, et professeurs … »

En décembre 2004, elle a un accident à Lille, en France, où elle était allée se documenter pour son roman « Adieu rêve ? (Maman) » où, avec un grand talent de raconteur, elle donne vie à des problèmes humains éternels dans un cadre historique roumain situé au 20é siècle. Une philosophie de vie d'une profonde sagesse, dans une langue enjolivée et nuancée des réflexions. Le portrait de l'éternelle maman, d'une force spirituelle impressionnante, la plus belle voix de la sagesse.

Pendant qu'elle est hospitalisée à Lille, Domnita écrit une nouvelle qui se trouve dans son volume des nouvelles « Voyage à Lille ».

Après l'accident, elle vient au Canada, chez sa sœur, et reste ici sept ans avec des courtes visites en France. Au Canada, elle publie et republie des nouvelles, des livres pour les enfants et un roman, et continue à écrire son journal, des nouvelles et des réflexions. Vers la fin de 2011, elle retourne en France, à Neuilly-sur-Seine, où, étant de nationalité française, elle bénéficie d'assistance médicale gratuite. Sa sœur, Natalia Moldoveanu l'avait rejointe après un bout de temps pour rester avec elle jusqu'à ce que Domnita soit passée dans l'éternité le 13 août 2013.

Avant qu'elle ne quitte ce monde, on lui a promis de continuer à publier ce qu'elle a écrit et laissé derrière elle. C'est ce qu'on fait à présent.

Liliana Hoton

Un mot de la sœur de l'auteur

À L'EXCEPTION DE LA NOUVELLE « Le Bain Rouge », une histoire que Domnita Georgesco-Moldoveanu a entendue dans son enfance, les autres nouvelles posthumes de ce volume présentent des épisodes de la vie de l'auteure.

Ainsi, « Getuta » nous introduit sa nièce de 9 ans (la première nièce de la part de son père), trois ans plus jeune que Domnita.

« Esquisse de portrait illusoire », inspirée de ses souvenirs de jeunesse, présente une de ses demandes en mariages.

« Portrait d'une dame française mal-aimée » c'est la biographie de la mère du fiancé de Domnita, Louis, racontée par la mère-même. Cette histoire touche aussi sur la vie de Domnita en France avant et après la mort de Louis, qui, d'après les mots de sa belle-mère, « n'aimait pas Domnita, il l'adorait ! »

« Voyage à Lille » présente un déplacement que Domnita avait fait à Lille, en France, pour se documenter avant écrire son roman « Adieu Rêve ? », paru pour la première fois en 2007. À Lille, elle a eu un accident qui l'a forcé à passer la majorité de son temps à l'hôpital St. Vincent.

« Enceinte » parle de la merveille qui habite les entrailles d'une femme et qui enrichit la vie des couples.

Enfin, « Interdit d'aimer ! Défense de rêver ! ». Ces sentences, au début invisibles, noircirent vite – à l'impression de l'auteur – les murs de son école. La directrice de son pensionnat et son équipage occulte épiait ses promenades, soupçonnait ses regards rêveurs, incriminait ses songes. Et surtout, confisquait ses notes poétiques.

Alors, elle les appelait assassins de rêves, car ils étaient toujours à l'affut, sur le point d'étouffer son aspiration vers l'idéal et surtout prêts à s'en emparer. Pourtant, elle continuait à rêver. Elle vivait une existence en plus par-dessus sa vie. Celle qui prenait l'habit de l'écrit.

Bonne lecture !

NATALIA MOLDOVEANU

Portrait d'une dame française mal aimée

Depuis ma naissance, je ressentis le manque d'affection. Tous attendaient un garçon … En plus, j'arrivais dernière une très jolie fille, pendant que je manquais de grâce et j'avais un si vilain nez que ma mère m'ostracisa au plus loin d'elle, dans un berceau au-dessus duquel fut suspendu l'unique jouet que je regardais du matin au soir avec désespoir, jusqu'à la totale fixité de mon œil gauche.

Qui donc aurait pu s'étonner que, dès l'âge de six ans, ma place fut décidée à la cuisine pour laver la vaisselle ? Un an plus tard je commençai l'apport de l'eau, plusieurs seaux par jour, du milieu de la cour, où il y avait le robinet d'eau, par l'escalier extérieure, jusqu'au deuxième étage.

« Vous faites trop travailler la petite, pendant que sa sœur ainée ne fiche rien ! » fut, un jour, interpellée avec insolence, ma mère. Et ma sœur Claire dut descendre pour l'apport d'eau. Mais après quelques marches, un adolescent admirateur tendit sa main pour lui atteindre les jolies chevilles. Sans hésiter, Claire lui renversa le seau sur la tête et à leur scandale s'ajoutèrent les cris des voisins, révoltés par la réaction de ma sœur.

— Elle a bien fait ! leur coupa court ma mère.

Et sans rechigner je dus reprendre toute seule l'apport essoufflé des seaux.

D'ailleurs, les maux à subir venaient à peine de commencer… Mon père se mit à pêcher dans le ruisseau d'à côté. Et c'était à moi de laver dans la cour les anguilles et de les couper les têtes. Alors là ! Voir les gluants débats de ces affreux poissons qui s'entortillaient sur mes bras, jusqu'aux épaules ! Je n'en touchais goutte au diner, contente de me nourrir plutôt de quelques pommes de terre cuites. Et cette répulsion pour l'odorat de pêche me poursuivit toute la vie, même quand je n'étais pas contrainte à en préparer.

Cependant, à sept ans je commençai l'école, où je m'appliquais si bien que mon père le signala à ma mère. Par contre, ma sœur n'était pas du tout contente. Car la maîtresse de l'école me disait :

— Tu vas rapporter à votre mère que l'orthographe de Claire est très mauvais et qu'elle n'apprête jamais ses devoirs !

Dès la sortie, ma sœur m'avertissait avec des coups de pied :

— Si tu dis quoi que ce soit à maman, tu vas voir !

Et sans que je souffle un mot, le soir, au lit qu'on partageait, elle se mettait à crier, à me pousser hors du lit, jusqu'à me faire tomber sur le plancher.

— Elle ne me laisse pas dormir, se plaignait-elle à notre mère, qui au son de sa voix, montait chez nous.

— Ce n'est pas vrai ! j'essayais de me défendre. Et c'était elle que mère croyait.

— Tu va coucher là-haut, dans la chambre de foin pour le cheval ! me punissait-elle.

Dans la réserve de foin, à la fenêtre en permanence ouverte, je pleurais et me frappait le nez avec des forts coups de poing, en faisant le sang couler à flots, pour en finir !

Surtout, je voulais sauter par la fenêtre, mais le courage de le faire me manquait. Alors je continuais à sangloter en tremblant de froid, jusqu'à ce que j'entendais mon père :

— Quand même, c'est l'hiver ! Tu vas la rendre malade … Aurons-nous de l'argent pour la soigner ? …

Et ma mère avait le cœur de me pardonner …

À onze ans, j'avais la permission d'accompagner Claire à la promenade. Derrière les clôtures s'amorçait un chuchotement qui augmentait d'une cour à l'autre, se transformait en appel précipité, en cris :

— Venez voir la jolie brune aux yeux bleus qui passe !

— Qu'elle est belle !

— Mignonne comme tout !

— Venez voir la jolie brune aux yeux bleus ! …

— Heureuse la mère qui la mise au monde ! …

Et pendant que ma sœur n'entrait plus dans sa peau par satisfaction, je remerciais le Ciel que ce public s'abstenait au moins de faire une comparaison avec moi.

Peu de temps après, Claire commença à s'égarer dans les vignes voisines avec un garçon et me demanda de faire le guet à ses escapades, en prétextant un gout spécial pour les raisins blancs.

Ce fut dans cette période que ma mère mit au monde un petit garçon dont je m'occupais avec toute ma tendresse. Par la suite, l'attitude de ma mère me fut un peu plus favorable.

— Tu dois apprendre à coudre, me conseilla-t-elle. On a dans la ville la plus renommée Maison de haute couture et tu pourras t'embellir avec des toilettes cousues par toi-même.

Un jour, quand je rentrais derrière ma sœur, j'entendis ma mère lui dire :

— Nous faire à nous, cela, toi, qui étais la préférée …

Avec la main sur le cœur, je m'arrêtai en murmurant :

— Je le savais depuis longtemps … .

Et sans m'étonner que ma sœur ose se présenter devant mes parents avec une grossesse si avancée, je continuai à m'occuper de mon frérot. De surcroit, quand à treize ans je réussis ma première blouse cousue par moi-même, je confectionnai aussi quelques chemisettes et tabliers au frérot Louis.

Je m'employais avec tant d'attention pour la moindre tâche que même le surfilage à la main était parfaitement exécuté, d'après les remarques de la patronne.

Ce fut l'année suivante qu'elle me confia la commande des chemises de soie d'un avocat et m'envoya à les lui remettre.

À la vue de ce monsieur, grand, mince et distingué, que j'osais regarder en face, mon émotion fut si forte, qu'il eut la délicatesse de me tapoter doucement les joues en feu. Et tout-à-fait ahurie, je pris le chemin de retour dans une folle course, pour ne m'arrêter qu'au salon des mariages, dans la grande Maison de haute couture, devant l'exposition des fastueuses robes blanches, uniques par leur beauté dans tout le midi français. C'était normal que la patronne me surprenne en extase devant la commande d'une princesse.

— Tu as du goût, le modèle est bien exquis, apprécia la grande dame. … Si tu continues à t'appliquer avec la même assiduité, peut-être tu auras la chance d'en porter une, pareille …

Depuis, chaque matin, avant de me mettre au travail, je me glissais au salon des « Mariages » pour inspirer quelques instants, comme devant une sainte image, l'air parfumé des rêves …

C'est sûr que j'avais embellie, d'après les sourires de mes camarades de travail, de ma patronne, d'après l'indulgence de mes parents, aussi d'après l'intérêt que l'avocat me montrait pour les chemises apportées.

Quant à ma sœur, vite mariée, nos rencontres étaient devenues rares : le couple s'était établi loin de nous, à l'emploi du mari.

Un matin, à mon arrivée avec le paquet de chemises, l'avocat se trouvait sur le pas de la porte, prêt à sortir.

— Veux-tu m'accompagner ? me demanda-t-il, et sans plus penser à mes engagements de travail, je sursautai :

— Bien sûr !

« Il va m'embrasser ! Il va m'embrasser ! », je me répétais béate, au rythme de mes battement de cœur, pour ajouter à haute voix, comme toute innocence de quatorze ans peut le faire :

— Êtes-vous amoureux ?

— Ah ! Oui ! J'aime ! Elle est si belle ! Si belle ! …

— Et si elle en aime un autre ?

— Je la tuerais ! me coupa-t-il d'un ton sec et définitif.

Je ressentis un frisson.

Sans rien ajouter, le jeune homme m'emmena loin, hors de la ville, au bord de la mer.

L'immensité bleue de l'eau se confondait avec l'aurore du ciel. Des milliers de petits vagues tressautaient dans une gracieuse danse offerte à l'horizon flamboyant. La brise faisait flotter mes cheveux blonds, les plis de ma robe. L'avocat ne les voyait pas. Il regardait seulement au fond de ses pensées, ou bien au fond de celles de sa bien-aimée ?

Il s'arrêta, s'assit, et me fit m'asseoir sur une bordure verdoyante ; sortit un pistolet emmailloté dans un mouchoir – de sa poche – et se mit à tirer dans le sable.

— Veux-tu apprendre à tirer ? me demanda-t-il.
— Oui … mais pourquoi ?
— Pour savoir !
— Savoir pourquoi ? j'insistai, avec un nouveau frisson. Et je pris l'arme entre mes deux mains, en la serrant fort, pour ne pas la faire tomber.

Sans me dire un mot, il sortit de nouveau son grand mouchoir avec lequel il me retira attentivement le pistolet. Ensuite, il se leva, me prit le bras et me reconduisit en ville.

Où ?

Je ne le saurais jamais ! Tout était d'être avec lui. Rien ne m'intéressait plus ! Même pas l'obligation de retourner au travail, ou bien de m'occuper de mon adorable petit frère.

L'avocat me fit pénétrer dans un bâtiment inconnu, s'arrêta au premier étage et sonna à une porte.

— Qui est là ? se modula de l'intérieur une voix chantante, dont la main entrouvrit.

Soudain la porte claqua, se referma.

Et je pus voir le bel homme pâlir (de soupçon, sans doute).

Il s'arracha brusquement le pistolet de la poche et le dirigea vers son propre cœur.

— Non ! je fis. Non ! je criais de nouveau, pendant qu'il tirait deux fois de suite dans sa poitrine, avant de tomber inerte par terre.

Sitôt, rêve d'amour et de mariage, tout périt de ma tête.

Les sentiments de mes parents ne m'intéressaient plus, ni l'appréciation de ma patronne. Je haïssais toutes les femmes du monde, le monde entier ! J'étais devenue une sorcière ! De quelle façon suis-je sortie de cet immeuble ? Mais quel immeuble ? Dehors, je dévalai les marches et me lançai dans une démentielle galopade.

Où ? Cela n'avait aucune importance. J'entendais confusément les forts bruits de mes trots sur les pierrailles, mêlés à leurs assourdissants échos.

L'instinct seul me conduisit vers l'élégante bâtisse de ma galère dorée, sur le seuil de laquelle je tombai dans les bras tendus de quelques de mes camarades. C'était tard, le soir …

Ensuite … ensuite, je ne fis que fignoler à l'excès mes coutures, économiser l'argent, aider aussi mes parents, m'habiller, me coiffer, surtout haïr toutes les femmes et me taire. Combien de temps ?

Les années passaient. Mon frérot, devenu jeune militaire, dut partir à la bataille.

Car loin, au nord, la France était dans le feu de la Grande Guerre.

Un jour, mes parents reçurent la nouvelle, accompagnée de sa décoration, qu'il était tombé sur le champ d'honneur …

Depuis, ma mère se retrouva malade. Ni mes soins, ni ceux du docteur, ne purent l'aider à s'en sortir. La disparition de mon frère m'ébranla tant, que la sœur de mon père, que je voyais pour la première fois chez nous, tint à me raconter ma triste venue au monde, et mon enfance, avec la bizarre intention de me consoler …

Je la haïssais !

Puis … je ne sais plus en quel moment je pris l'habitude de me promener chaque dimanche après-midi, seule, sur l'allée qui menait vers l'entrée du parc.

Personne ne me parlait. Je ne parlais à personne.

… Et comment ? Comment je penchai l'oreille à cet inconnu qui me complimenta à maintes reprises sans être choqué par la fixité de mon œil gauche, d'ailleurs bien couvert par les plis de ma coiffure ! Au contraire, il se laissa impressionné par mon élégance et ma tenue distante, indépendante.

— Vous avez perdu quelqu'un à la guerre ? me demanda-t-il en regardant le fastueux jeu de voiles de ma robe endeuillée.

— Oui, mon frère … je répondis avec tristesse.

— Moi aussi, j'ai perdu mon frère, dit-il. Nous étions autrichiens de Pologne, venus en Espagne, où nous avons attrapé la grippe espagnole. Moi, je me suis sauvé en buvant du vin. Lui, qui n'en a pas voulu toucher, n'a pas résisté à l'épidémie. Par contre, mon traitement au vin, m'a rendu buveur. Mais je dois m'en sortir. Vous allez m'aider, n'est pas ? …

Et ses yeux bleus, me regardèrent avec une telle intensité et avec l'imploration désespérée que j'avais lu aux yeux de ma mère à ses derniers instants. Sans hésitation, je le rassurai :

— Ah ! Oui ! Oui ! …

… Ensuite, mon mariage eut-il, par hasard, la robe rêvée ?

Aucune photo ne l'atteste.

Je suivis mon conjoint en Corse, à son lieu de travail, où je fus bien étonnée de ses multiples qualités de journaliste, de scénariste, de photographe d'art (entre autre, correcteur de portraits de cinéma). En plus, possesseur de multiples connaissances, par exemple neuf langues étrangères et quelques de leurs dialectes.

Je supportai mal ma grossesse, mais la mise au monde de l'enfant fut comme un lever de soleil ! Il était d'une grande beauté ! Son angélique expression, à part ses boucles blondes et les yeux bleus, rieurs, tout mis en valeur par les photos d'art de mon mari, décidèrent le patron cinéaste de projeter un film avec le petit, vite suivi par deux autres.

À deux-ans-et-demi, notre petit Louis devint ainsi une star !

Être la maman d'une petite étoile, qui charmait tout le monde ! Aurais-je pu désirer quelque chose de plus ?

Et pourtant ! Ces films, pour coûter moins cher, étaient tournés pendant l'hiver, sur les plages de Nice, où notre petit, malgré mes soins, attrapa une pneumonie, dont les traces lui furent fatales plus tard. Une photo de cette époque me montre d'une tristesse déchirante. Car de surcroît, le père de notre ange devenait violent.

La brutalité de ses coups de poing visait surtout mon œil gauche, dont la fixité l'horrifiait. À ces scènes, l'enfant criait rempli de frayeur. Et si cela se passait le soir, je m'enfouiais de la maison pour trouver refuge dehors, d'habitude devant l'hôtel voisin, dans une voiture oubliée ouverte où je dormais avec l'enfant blotti à mon sein.

Un soir, l'intendant de l'hôtel nous offrit l'une de ses chambres vides, où je commençai à coucher, toujours avec mon fils adoré dans mes bras. Et je jurai de ne le quitter, de ne le laisser à aucune autre femme, jamais, jamais !…

Le patron cinéaste, avait-il appris quelque chose par les ouï-dire ?

Ou, peut-être, mon mari aurait-il fait des erreurs dans son activité ? Car un beau matin, le père de mon enfant fut mis au pied du mur : il devait divorcer pour épouser une jeune fille compromise.

Mais compromise par qui ?

Ma réponse fut nette :

— Je refuse de divorcer !

Une triste coïncidence nous sortit de l'embarras : mon père, qui avait subi la morsure de son cheval enragé, avec le traitement incomplet de l'époque, mal en point de manque de soin et de solitude, nous appelait pour nous laisser la maison.

Comment parler de sa disparition qui m'enferma dans la douleur ?

Mon mari ouvrit dans le voisinage un atelier photographique avec un appareil reconstitué de quelques reliques reçues de son ancien patron et modernisées par lui-même d'après les premiers travaux des frères Lumière sur la photographie en couleurs. Il se mit aussi à faire un album de la principauté d'Andorre, petit état au milieu des Pyrénées Orientales.

Pour moi, il n'y avait qu'un seul chemin à prendre, vers la Maison de haute couture, où la patronne me reçut les bras ouverts.

Et pourtant ! Les ennuis me poursuivaient !

Quelques semaines plus tard, un incident policier avec l'une des jeunes apprenties, se solda par une enquête qui prit les empreintes digitales de toutes les jeunes filles ; à moi aussi.

Et me voilà devant les enquêteurs !

Chez eux se trouvaient, en attente depuis longtemps, mes propres traces d'un ancien problème qu'ils n'avaient pas pu résoudre. C'était mes empreintes sur le pistolet de l'avocat ! …

Je dus raconteur minute par minute l'affreuse histoire d'autrefois et je me suis retrouvée innocentée.

Ensuite, presque sans souffle, je dus m'assoir pour écouter ma patronne me dire :

— Tu n'as pas su, et tu as toujours mal à comprendre la nature spéciale des hommes … Je t'avais cru plus sensée pour te confier ces chemises ! Souviens-toi, qu'à nous, les femmes, il n'y a que les larmes qui nous restent ! Et les enfants … pour un temps !

— Oh ! Non ! je ripostai. Mon enfant je l'aurai pour toujours ! …

Je sortis en fermant la porte sur le long éclat de rire de la patronne.

Cependant, un tel récit ne pouvait pas rester secret dans cette petite ville, aux pieds des Pyrénées.

L'effet s'avéra le plus fâcheux pour mon mari qui le marqua sur tout mon corps avec des coups de poings.

Ensuite, mon mari se mit à se moquer de moi, du matin au soir, quand on était ensemble.

— Malheureuse ! me disait-il, à répétition, ton grand amour avait préparé ton accusation pour le crime qu'il intentionnait de commettre. Heureusement pour toi, la Belle a refermé sa porte parce qu'elle se trouvait avec un autre ! Sinon, ton avocat les aurait tués ensemble, laissant tout tomber sur toi ! Comme avocat, il était au courant des empreintes digitales qui venaient d'être introduites chez nous et t'a fait laisser les traces de tes doigts sur le pistolet ! …

Je ne lui pardonnai jamais, je le détestai jusqu'après sa mort. Même si je voulais savoir le vrai de ce que me tourmentait depuis tant de temps, j'aurais aimé me consoler avec un doux mensonge. Cependant, j'étais condamnée non seulement à en subir dans cette vie, mais aussi de connaître la vérité sur mes peines.

Et voilà qu'un ami juif, polonais, appela mon mari à Paris pour l'engager. C'était ce qu'il fallait pour l'école de notre cher Louis.

Avec l'argent soigneusement mis de côté, je pus louer un petit appartement près du jardin de Luxembourg. Seulement, la centrale photographique se trouvait dans une proche banlieue d'où, le jour du salaire, mon mari arrivait ivre, hargneux et les poches vides.

Il ne me resta que de m'entendre avec la comptabilité à me confier son revenu et l'économiser dans de bons de trésor qui allaient se dévaloriser.

Un jour, mon mari me suivit à la gare, monta derrière moi dans le train et dans le compartiment me dit d'un air ferme, en m'arrachant par le bras.

— Tu dois descendre et venir avec moi !

— Je ne vous connais pas, monsieur !

— Si, tu es ma femme et tu dois rester avec moi !

Je persévérai à tout nier, pour sauver l'argent, surtout avec le vain espoir de le déshabituer à boire !

— Je ne vous ai jamais vu !

À ces mots, les autres voyageurs se levèrent et le descendirent doucement du train.

Quand il vint à la maison, je me trouvais au jardin de Louxembourg avec mon petit Louis, pour faire des dictées, comme chaque soir, sous les rayons d'un lampion ... Car le certificat d'étude était la première marche à franchir pour accéder au lycée, donc au bac et à l'université rêvée …

Ainsi s'écoulèrent les années, durant lesquelles Louis, avec sa passion pour les sciences physico-chimiques, fit sa première crise d'asthme (le temps d'une expérience au chlore).

Quant à son père, il continuait à boire. J'appelais inutilement à sa volonté, au souci de sa santé, à sa conscience. Parfois, je l'emmenais moi-même au restaurant, où je commandais de l'eau minérale. Puis on partait à un autre, avec les mêmes mots, "de l'eau minérale", jusqu'au matin, pour laisser notre fils dormir au calme, au moins pendant ses examens …

Une fois, Louis amena un camarade de classe à la maison, et son père, pour compenser la modestie de notre petit appartement, se venta :

— Voyez-vous cette valise ? Là-dedans, il y a un trésor …

Car, vraiment, durant sa jeunesse, il avait tourné un peu dans le monde. D'abord à Jérusalem, à quinze ans, ensuite en Égypte, où il put collectionner de vieilles figurines et des statuettes, la plus part en terre cuite, acquises par son travail exceptionnel de traducteur d'inscription ou d'interprète. Son don communicationnel et le savoir de nombreuses langues l'ont servi en beaucoup de situations et d'échanges de valeurs.

… Oh ! Mais la deuxième guerre mondiale était là et je n'arrivais point à m'en sortir pour la nourriture. Et s'il n'y avait pas ces interminables queues, parfois inutiles ! En plus, je n'osais au moins coudre, à cause des taxes imposées !

Mon mari s'en allait régulièrement aux rencontres avec ses amis résistants et je l'attendais avec le cœur serré en faisant des prières au Bon Dieu pour qu'il ne tombe pas aux mains des ennemis qui multipliaient leurs contrôles dans tous les lieux publics.

Et voilà qu'un soir le control allemande de guerre le surpris à une table, entouré de ses amis. Il ne fit qu'un très subtil mouvement pour jeter son pistolet par terre, mais les hommes de métier devinèrent tout d'après la faible oblicité de son épaule et le saisirent avec brusquerie pour l'arrêter.

Et quoi qu'il connaissait le dialecte autrichien de son geôlier, le jour où je pus aller avec Louis le voir, il ne nous laissa pas l'espoir de le revoir. Cependant, à l'apparition de son fils il nous donna l'impression de se réanimer.

Par la suite, Louis se donna davantage de peine au lycée. Je pus moi aussi aider au raccommodage quelques voisines sans oser la couture. Après des lentes et lourdes attentes, un jour quelqu'un chuchota à la queue pour l'achat du pain :

— Ils ont débarqués …

Sans cris, ni rire, ni applaudissements, la nouvelle d'intervention alliée passa d'une personne à l'autre et d'une queue à l'autre, comme un courant électrique.

Tous les visages s'empourpraient d'une joyeuse espérance d'élibération qui d'ailleurs mit du temps et des sacrifices à s'accomplir. En plus, le pays sortait affaibli et appauvri de la guerre, de sorte que même l'aide américain, qui en réalité se partageait entre tous les pays de l'Europe, n'arrivait pas à effacer les douloureuses traces de la souffrance endurée. Aussi mon mari était très malade et devait travailler sur des médiocres postes, d'habitude provisoires, pendant que Louis manquait d'une bonne alimentation. En même temps, notre appartement devenait insuffisant pour trois adultes. Mon très cher fils projeta, dès maintenant, les économies de son futur salaire pour s'acheter une garçonnière. En attendant, pour ne pas lui troubler l'étude, il arriva même à mon mari, le soir où il rentra tard, de coucher devant la porte, sur un paillasson.

Pour faire face d'une façon honorable à la festivité du doctorat de mon fils, d'après les conseils de connaisseurs, je dus vendre toutes les petites valeurs que je possédais, nécessaires à l'achat de vingt-quatre petites cuillers d'argent et autant de verres de champagne au cristal de Baccarat. Et me voilà maintenant, au lieu de revivre la joie de mon fils, je me rappelle la menue dame rouquine Isa, qui plus tard m'a apporté cette unique argenterie ! …

Toutefois, le beau temps commençait !

Mon fils fut engagé dans un important poste d'ingénieur chimiste à Paris, très vite il s'acheta le studio voulu et pas moins qu'une comtesse qui avait deux châteaux lui envoya sa demande en mariage.

Cette fois-ci j'étais comblée !... Mais comment m'entendre avec la fierté de Louis ? Il trouva que la demande manquait de vraie noblesse face à ses années de vêtements rapiécés et manque de nourriture.

Sans répondre, il prit le train pour une promenade au sud de la France et rentra avec une maîtresse qui avait une fille de vingt ans !

Vite il acquit une double garçonnière où il m'installa, mais un accident de laboratoire lui détruisit l'œil gauche. Enfin, il candida pour un poste de professeur universitaire aux pieds de mes montagnes natales et entama l'achat d'un appartement proche, au bord de la Méditerranée. Ça fut alors qu'à Paris on lui coupa le salaire des vacances, dont il comptait. La perspective d'une impossibilité d'en acquitter, plus la disparition de son père, aussi un conflit avec sa maîtresse, le rendirent malade.

À cette époque apparut dans sa vie l'étrangère qu'il voulut vite épouser, surtout après lui avoir montré son premier grand tableau peint par lui-même, avec la figure centrale d'une femme qui lui ressemblait et l'assura ainsi que c'était elle qu'il attendait.

Face à cette première vraie menace de frustration, je courus à l'église, où je fus conseillée d'avoir confiance en Dieu.

Sans hésitation, je cherchai un devin. Il m'assura que l'étrangère était belle, qu'elle avait les mains fines, ce que, moi aussi, j'avais remarqué, et qu'elle aimait mon fils.

— Elle n'a pas le droit de l'aimer ! je m'écriai. Cela n'appartient qu'à moi de l'aimer ! À personne d'autre ! C'est mon enfant !

Alors, en partant, je fis un grand détour sur le quai de la Seine où je choisis tous les livres d'astrologie, de magie et de maléfice que je trouvai exposés, aussi que quelques médaillons spécifiques à renforcer la foi dans l'efficacité des rites sorciers.

— Je voulus voir comment s'expliquent les sciences occultes, je répondis à mon fils, quand il s'intéressa à ma lecture. Une simple curiosité scientifique …

Et comme il me passait souvent à lire de ses livres et ses travaux, il accepta et même apprécia ma réponse.

Donc vas-y ! Pauvre femme détrônée de ton rôle de reine-mère ! Après tant de souffrances dans ta vie, montre que tu peux réussir à imposer ta volonté ! Et en lisant et relisant les formules sorcières, j'amenai Louis à n'aller nulle part se promener seul avec sa fiancée, je me trouvais toujours entre eux deux, vers les lieux préférés par moi, surtout au jardin de Trocadéro.

Pourtant, de temps à autre, il y avait des jeunes-hommes mal élevés, qui défiaient la présence de Louis, la mienne aussi, avec de regards admiratifs pour cette étrangère.

Une fois, on se trouvait ensemble dans un wagon de transit exceptionnel dans notre train pour Paris. J'ai conseillé à mon fils :

— Laisse-la transporter sa valise ! Tu as l'asthme …

À ces mots, un monsieur d'à côté nous jeta un regard de mépris. Et à l'arrêt, quand l'étrangère se pencha, normalement pour prendre sa valise, au même instant l'inconnu attrapa brusquement l'élégant bagage en disant :

— Me permettez ?

Et s'en alla illico, sans attendre l'approbation.

N'était-il pas normal que se soit-elle au moins qui nous dise :

"Me permettes-vous de lui permettre ?"

Mais elle le suivi, docile, avec même un "merci, monsieur" à l'arrivée devant notre couchette.

Bien sûr que Louis fut fort trouble et qu'il ne ferma pas l'œil de la nuit pour s'emporter avec violence le matin, contre une inoffensive dame qui occupait la couchette d'au-dessus.

Décidément, ce n'était pas ce qu'il fallait à mon fils !

Malgré mon avis, Louis présenta cette étrangère aux amis de son immeuble, aux professeurs de l'Université où il enseignait …

Et partout elle charmait l'entourage, Louis même s'émerveillait de ses réponses, de ses performances intelligentes et de ses talents.

Plus encore, après avoir été reçus ensemble chez l'académicien avec lequel il travaillait sur une importante théorie, celui-là et sa femme leur fit l'invitation pour une dizaine de jours à leur château, en Bretagne.

C'était trop ! L'enlèvement de mon bébé ! Le rapt !

Enchanté, mon fils me demanda :

— Qu'en penses-tu, maman ?

— C'est ennuyeux ... je répondis blasée.

Par la suite, en vain il m'écrivit de tendres lettres adressées comme pendant son enfance : Petite maman, chérie !... La présence de celle-là à ses côtés devenait une insulte, pire que tout ce que j'affrontai dans le passé.

Je commençai à accuser l'étrangère de tous les maux, de tous les défauts, de fautes qui auraient pu enfin les séparer.

Cependant, elle avait toujours des réponses et des réactions si désarmantes, que j'étais mise en déroute ! Surtout qu'il paraissait très heureux de la voir au-dessus de tout soupçon !

— Je vois clair. Tu sais que je vois clair : elle te trompe ! J'ai identifié son amant dans l'autobus, quand on t'a conduit à l'aéroport !

Calme et souriante elle intervint :

— Souviens-toi, mon chéri, qu'on a pris un taxi pour l'aéroport…

Il ne me restait que de pousser mon fils à faire des nouvelles connaissances pendant ses tours habituels dans les librairies. Mais dès qu'elle marquait sa présence par ses sourires, ou bien qu'elle lui adressât une parole à sa façon gracieuse d'adorable dominatrice, toutes les enthousiastes, ou bien celles qui s'esquissaient de le devenir, se retiraient.

Une seule me parut plus persistante, la maîtresse d'un docteur du Midi, rencontrée la nuit, durant ses voyages hebdomadaires pour l'Université. C'était trop peu ! Je devais faire l'étrangère manger ce que pouvait lui nuire. À l'insistance de mon fils, l'étrangère accepta de dîner avec lui chez moi, où elle aspirait avec méfiance mes petits pots de crème altérée. Le soir même, dans un couloir qu'on logeait ensemble à la gare d'Austerlitz pour conduire Louis à son train, elle courut subitement derrière une caisse, pour vomir.

Quand on monta pour quelques minutes dans son compartiment, comme d'habitude, Louis qui s'attendait sans doute à une altercation avec des reproches, fut fort content de la voir lui sourire et lui caresser le front. Ensuite, elle s'est mise à lui masser la nuque et la colonne vertébrale fatiguées après tout son travail de préparatifs pour ses cours, en position penchée. Bien content, ni Louis, ni elle ne firent attention au signal de départ. Et nous voilà restés dans le train jusqu'à Limoge, d'où on devait acheter des billets de retour à Paris !

J'étais face à face avec eux et en les voyant si heureux, comme après un exploit enfantin, je m'adressai à la dame d'à côté de moi :

— À cause d'elle on a raté la descente !

Mais la dame, au lieu de la condamner, lui fit un signe d'encouragement. Comme quoi, elle devait s'en ficher pas mal de moi et continuer ce que le rendait joyeux.

Mais qu'est-ce que tout le monde trouvait à cette jeune femme pour lui donner l'accord ?

Pendant ce temps-là, voilà aussi la maîtresse du docteur passer nerveuse dans le couloir, en plusieurs reprises, pour attirer l'attention de mon fils. La pauvre ! Elle devait être fort frustrée, même sans espoir, à côté de son docteur !

Mais Louis ne la voyait non plus. Et jusqu'à Limoge, Louis et l'étrangère-fiancée continuèrent leur joyeuse conversation ... C'est sûr que la fiancée, avec son extrême sensibilité, observa la maîtresse, sans rien signaler.

Me voilà maintenant dans une station de métro à Paris avec l'étrangère, pour pouvoir lui river son cou ! Elle portrait des élégants souliers d'antilope grise avec des talons orthopédiques aux semelles parallèles d'une luisance marron, alternée de rayures métalliques dorées.

— Regardez ! je m'écriai. Mon fils lui achète des chaussures de cinq-cents balles et à moi il m'a laissé cinq francs !

… Et je la giflai de tous mes forces, avec ma haine pour toutes les femmes du monde, en la menaçant :

— Je ne ferrai de vous qu'une bouchée ! Les joues en flamme, elle ne réagit pas, ne répondit rien, me regarda et me soutint à monter dans le métro. Me conduisit même jusqu'à la maison.

Sans doute, le surlendemain, très tôt l'attendit-elle à la gare pour tout lui raconter. Parce qu'une fois arrivé, quoi que je l'attendais avec les cheveux en désordre, sans fard et mal habillée pour faire la victime, mon fils me fit avaler des calmants tout en me rappelant qu'il m'avait laissé cinq-cents francs. Plus encore, pendant mon départ pour acheter de la salade, il me vida le réfrigérateur et le nettoya, sans aucune explication.

Maintenant, l'étrangère lui suggéra l'achat de nouveau vêtements.

Je lui rappelai son costume gris à la coupe très jeune et on partit ensemble au neuvième arrondissement, au magasin moins cher d'autrefois.

— Cette veste me rend vouté, dit-il devant la glace.

— Parce que vous êtes vouté, monsieur, affirma le vendeur.

— Suis-je vouté ? demanda-t-il à sa fiancée.

— Non, mon chéri, on s'en va.

Et en partant, elle ajouta :

— Ce vendeur, qui insulte les clients, ne sera jamais patron, il restera toujours un mauvais vendeur.

— On ira en Champs-Élisée, décida-t-il.

Et là, un vendeur qu'il connaissait, lui trouva un costume plus moderne, aux lignes légères en jeu de carreaux marron et beige.

Ensuite elle ajouta :

— Tu auras besoin aussi d'un costume d'occasion.

Et en accord avec ce vendeur expérimenté, elle lui choisit un magnifique model bleu-profond, qui lui allait à merveille.

— Qu'en dites-vous, demanda-t-elle au vendeur, en voyant Louis habillé.

— Je dis que monsieur à de la chance ! les complimentât-il pour la grande joie de mon fils.

Enfin, je dis à Louis de rester le soir avec moi, parce que je suis inquiète de sa santé.

Et comme il m'assura que la présence de sa fiancée est plus rassurante, je commençai à les rendre visite bien tard, d'habitude après minuit.

— Tu sais l'heure qu'il est ? me dit-il mécontent.

— Il fait tellement beau dehors ! J'ai eu envie de me promener, oublies-tu que c'est le printemps, presque l'été ?

— C'est vrai, j'ai oublié de te donner tes médicaments.

… Oh ! Comme je haïssais cette femme !

Pour ce soir-là, à Trocadéro c'était préparé le feu d'artifices.

Les deux restèrent très tard avec moi, tout en regardant la télévision.

Puis, se mirent à chuchoter, à rire en sourdine, devant un cahier de dessin de Louis, gardé depuis son enfance.

Mon énervement dégénérait en rage. Croyaient-ils que je dormais ?

Je me levai pour ouvrir le tiroir de ma coiffeuse.

— Louis, viens voir quelque chose !

Il s'approcha et à sa surprise je lui montrai la photo de l'ancienne maîtresse pendant sa jeunesse aux épaules nues entourées d'un décor des fleurs, fait pour embellir. Bravo ! J'avais réussi à tailler dans le vif de leur joyeuse intimité ! Ensuite je lui dis d'avoir de la patience.

Pourtant il partit avec elle la conduire et je me suis mise à table, dans la cuisine, pour mon habituel café de minuit.

D'après ce qu'il m'a raconté par-après, à mi-chemin ils entendirent des pas pesants derrière eux.

— Qu'on le laisse passer, dit-elle.

Mais le jeune-homme d'en arrière qui les suivait s'arrêta court et sortit son pistolet :

— Je ne passe pas !

Et s'adressant à Louis, avec impertinence :

— Tu vas venir avec moi, dans un couloir de Passy !

Elle protesta, vociféra, en le faisant commander :

— Tire-toi !

Elle courut en avant vers la rue de leur studio en criant mais le jeune homme ajouta :

— Ne crie pas car je tire !

Et pendant que mon fils parlementait avec le voleur, elle qui avait traversé la rue de Passy, cria devant l'avertisseur de police.

— Au secours ! Au coin de la rue Massnet ! Au secours !

Mit dans l'impossibilité d'agir (sans savoir que l'avertisseur était défectif, le voyou s'approcha de Louis :

— Donnez-moi cent francs ! demanda-t-il.

Tout ému, mais conscient qu'en cherchant de l'argent il va découvrir son chéquier, si important pour la dette de son appartement du midi, Louis répondit :

— Quant à l'argent, je n'ai pas un rond !

— On n'est pas riches … ajouta-t-elle et le voyou s'en alla.

Après l'avoir faite rentrer chez nous, il lui chuchota :

— J'ai trouvé l'appartement rêvé, pour nous, tous les trois, on s'en sortira mieux ensemble. Au neuvième étage, la vue sur le bois.

Ravie, l'étrangère s'exclama :

— La vue sur le bois ? Ce sera merveilleux, mon chéri … Tu auras de l'air, tu vas guérir …

— La fête de mariage aura lieu ensuite. Pour l'instant, le papier signé à la Mairie nous suffit.

— Tu ne dois plus prendre le risque de rentrer si tard, le prévint-elle.

Et vraiment, en rentrant le soir, il dut affronter et même se battre avec deux autres voyous, heureusement dans une rue plus fréquentée.

Depuis, mon fils se tint dans un continuel énervement et restait dormir chez moi, comme s'il me gardait.

— Si un voyou t'attrape seule, il va me demander rançon plus que je n'en ai pas, m'avertit-il. Alors il va te tuer !

Le matin, l'étrangère vint comme d'habitude voir comment il va et osa m'attirer l'attention que la solution de chlore avec laquelle j'avais nettoyé les toilettes fait mal à mon fils, dont le canapé se trouvait avec la tête juste à côté de la porte vers la salle de bain.

— Je sais ce que je fais ! je répondis hors de moi, l'odeur de cette lotion chasse les bettes !

Elle ne répondit rien, mais s'en alla, ce que mécontenta mon fils et le fit se tourner contre moi. Il m'avertit qu'ils vont se marier, ensuite il ramassa ses livres et ses feuilles sur lesquelles travaillait et voulut l'accompagner.

— Ne part pas, sinon je viendrai vous faire un scandale ! je le menaçai.

Et vraiment, toute en colère, je courus derrière lui jusqu'à leur place.

Je crois qu'il n'eut le temps que de la prévenir :
"Attention, elle arrive !"

Alors que moi je posai le pouce sur leur sonnette et j'appuyai si fort pour que la sonnerie mise à la marche ne s'arrête plus.

Elle dut le faire patienter et sortit seule, me calmer.

— Mam', je vous en supplie, laissez-le travailler … Allez, venez avec moi, je dois lui apporter un médicament dont il a besoin.

— Non ! Je dois le voir ! je le lui coupai en furie.

— Mam' … ne pensez-vous pas, qu'il est malade ? …

— Qu'il meure ! hurlai-je hors de moi.

— Mon Dieu … murmura-t-elle, sur la marche extérieure, en levant les yeux vers, le ciel. Oh ! Mam', il est le seul qui vous a toujours aimée depuis sa naissance. Et partit en me forçant ainsi de me taire et de la suivre face aux personnes qui me regardaient inamicales.

Le soir, en me trouvant habillée, en train de boire mon café de nuit, il s'emporta de nouveau et notre dispute finit avec des coups. Enfin, il me parut fatigué, même épuisé …

Et lendemain, très tôt, une lettre qui lui annonçait pourtant la rentrée de l'argent que l'ancienne maîtresse lui devait, l'énerva davantage.

Il se leva en aspirant de son petit appareil antiasthmatique et se dirigea vers la fenêtre pour l'ouvrir. Et là, il hurla vers les voisins d'en face :

— Aidez-moi !

Les voisins d'en face avertirent notre remplaçante de concierge qui monta chez moi.

— Il est mort, je lui dis. Aidez-moi le mettre sur le canapé. Puis elle courut pour annoncer la Police-secours.

Les policiers ne purent rien faire, sauf que j'envoyai l'un d'eux appeler la fiancée.

Entre temps, ma voisine de couloir vint vite pour voir ce qui s'était passé et me demanda si je vais vendre l'appartement, étant disposée de l'acheter. Ensuite elle me donna un fort calmant.

Au moment où la bien-aimée arriva, je fus dans l'impossibilité de lui expliquer quoi que ce soit !

La voisine, très intéressée par l'achat, avait faite appeler même les pompes funèbres, pendant que la bien-aimée pleurait, essayait avec des petits massages sur les tempes et sur la nuque de le sortir de la mort et ne laissait pas l'homme venu des pompes funèbres lui piquer le ventre :

— Vous allez le tuer avec ça ! criait-elle. Vous ne comprenez pas qu'il est vivant ?

Son médecin traitant arriva avec du retard et déclara :

— Il est mort.

— Non ! protestait la jeune femme. Regardez ! Il remue les prunelles !

— Il est mort ! Il les remue parce que j'ai essayé de lui fermer les paupières …

Puis le docteur partit.

— Seigneur !... pleurait-elle. Personne ne me croit qu'il est vivant ! Réveille-toi, mon chéri ! Réveille-toi !

Mais mon fils ferma la bouche et pencha les paupières.

— Voilà ! hurla-t-elle. C'est maintenant qu'il rend son âme !

Bien sûr, à l'arrivée du légiste, elle lui raconta l'histoire et pour vérifier ses dires, Louis fut transporté de la maison.

Le soir, elle vint dormir avec moi. À minuit, comme d'habitude, j'entrai dans la cuisine, pour préparer mon café, ensuite je laissai le bouton de gas-oil ouvert. Mais la jeune femme, avec son fin nez sentit l'odeur de gas-oil et vint vite le fermer et ouvrir les fenêtres.

Lendemain soir, elle vint de nouveau dormir avec moi.

À minuit, au moment de mon café nocturne, elle dut faire grande attention, car cette fois-ci, je laissai le bouton de gas-oil et un feu allumé pour que l'explosion soit immédiate.

Mais elle se leva et vint en courant pour tout éteindre.

— Mam', me dit-elle, à la façon de Louis, ne fais plus cela ! Tu vas voir, je vais te soigner pour te faire vivre jusqu'à cent ans ! Tu vas avoir la médaille de centenaire ! Louis voulait que tu vives !

Et je ne sais pas quel effet eurent ces mots sur moi, que je ne tentai plus à m'enlever la vie. J'avais quatre-vingt-cinq ans ! Par la suite, à l'appel de l'étrangère, l'Université envoya un camion qui leur transporta toute la bibliothèque scientifique de mon fils, en plus ses cahiers personnels, dans son alphabet secret qui aurait pu être déchiffrés seulement par son assistant. Enfin, elle offrit les nombreuses cravates de Louis à l'Institut des apprentis, partagea ses vêtements et chaussures et fit au nom de mon fils plusieurs dons : presque tous ses autres livres et collections de minéraux et de disques, en gardant seulement ceux qui étaient enveloppés par lui-même en toile, avec les signatures des auteurs, peintes en or.

Je sortis, enfin, la lettre que mon fils m'avait laissée, où il instituait sa fiancée comme héritière.

Ce fut alors que le frère aîné de cette étrangère, président de tribunal, put la trouver au téléphone.

— Comment le malheur est arrivé ? lui demanda-t-il. Et après le récit de l'histoire, elle demanda à son frère :

— Que voulez-vous que je fasse ? Que je traduise en justice la police secours ? Je suis une étrangère …

Depuis, je me suis davantage approchée d'elle, pour nous conseiller ensemble.

On fit appel à un notaire provincial renommé pour son honnêteté et on vendit tout pour acheter un appartement ou elle me prépara la meilleure chambre, avec un tableau peint par un ami d'après la photo de mon fils à deux ans et demi.

Je le rêvais chaque nuit dans mes bras.

Néanmoins, elle le rêvait adulte. Alors, par mes magies j'essayai de lui enlever cette faveur, en lui rayant la main de mes ongles. Et quand lendemain, elle me raconta de l'avoir encore rêvé, je soupirai devant l'inutilité de mes coups tordus.

— Ne fais plus ça, mam', me demanda-t-elle. Avec cette droite, tu te signes aussi dans l'église. La sorcellerie est un grand pêché.

— Je ne fais que des bonnes choses, je l'assurai.

— Alors pourquoi tu n'as pas sauvé Louis ?

Je dus me taire et renoncer à mes sales tentations d'imposer ma volonté.

En dépit de mes bonnes intentions, elle dit de moi au curé, à l'occasion d'une donation d'argent pour un prêtre malade :

— Elle a été la plus monstrueuse des sorcières …

En me racontant, elle ajouta :

— Mais je suis sûre que tu vas devenir une mère pour moi, car je prendrai soin de toi, à la mémoire de

Louis mais aussi au souvenir de ma maman, disparue loin de moi …

Et vraiment, elle se donna tant de peine pour me soigner que je pus dire aux autres :

— Je perdis un fils, mais je gagnai une fille …

Ainsi, quand son frère aîné vint pour un peu, la voir, elle lui dit :

— Mam' veut me remarier …

— Mariée ou non, il faudra un homme à la maison, je précisai. Cependant, elle persista dans le refus de toute demande. Je lui ai trouvé même un jeune prince dans les revues apportées à lire, mais elle se mit à rire.

Et quand elle repoussa un professeur, collègue de Louis en disant "L'âme de Louis sera contente !", celui-là lui répondit :

— Je ne crois pas ! Parce que vous resterez seule, et vous serez attaquée par tous les méchants …

Une courte durée après, tout en courant, elle réussit à se fracturer un genou. Ensuite, l'épaule droite.

De toute façon, elle continuait à se soucier de moi.

— Docteur, parla-t-elle au médecin venu me voir à chaque deux semaines, ma belle-mère a du mal à parcourir le séjour pour aller aux toilettes. Elle s'arrête pour se reposer sur ce canapé …

— C'est la vieillesse, répondit-il.

— Docteur, lui répéta-t-elle à la suivante visite, pour ces dix mètres à parcourir, je dois la soutenir de toutes mes forces …

— La vieillesse, la vieillesse, répéta-t-il. Une canne lui suffira.

Soutenue par la canne achetée, me voilà arrivée seule aux grandes fenêtres de la salle à manger. En écartant l'aile du rideau, je pus voir au-delà du jardin d'en face de nous se déployer la vive somptuosité du Bois de Boulogne. Ravie, je tournai la tête vers l'unique protectrice de ma vie, qui rentrait chargée d'achats.

Au lieu de me féliciter pour ma performance, elle me dit inquiète :

— Mam', ne te montre plus devant les vitres parce qu'en ville il y a une vraie tuerie des femmes âgées …

Non, je ne la croyais pas.

Pourtant, à l'ouverture de la télévision, quelqu'un avertissait :

— Attention, cette nuit même, peut-être que votre tour soit venu !

Elle se leva et entra dans la salle de bain pour fermer la fenêtre et mettre l'alarme en marche mais à cause des vapeurs dégagées par une petite fuite d'eau qu'elle devait faire réparer lendemain, laissa encore ouvert, jusqu'après mon diner. Ensuite elle me rangea la table et partit à la cuisine.

C'était son programme de chaque soir.

Pourtant, je l'aperçus dans le vestibule, reculer devant l'entrée de la cuisine. Ensuite, accompagnée par un inconnu, elle se dirigea vers sa chambre d'à côté. J'entendus leur discussion d'argent. Ensuite, je la vis se faire pencher sur la fenêtre, comme pour se faire voir par quelqu'un.

Je me levai et m'avançai dans le séjour.

Elle se dirigea vers moi, pour me soutenir, en prévenant le jeune homme.

— Elle doit aller aux toilettes.

Et à moi :

— Mam', monsieur est un ami …

— Bonsoir, monsieur.

Et dans ma pensée, je poursuivis :

"Enfin, elle a un ami … "

Du cabinet, j'ai bien entendu :

— Attendez, monsieur, j'ai trouvé quelque chose dans les affaires de son mari et je n'ai pas encore montré à ma belle-mère pour ne pas lui provoquer des émotions, le soir.

Et à lui de répondre :

— Donne !

Au moment où je sortis du cabinet, je l'ai vu faire des signes par l'ouverture de la fenêtre et je sortis dehors instinctivement.

Mais il entendit la porte extérieure et me suivis en disant :

— Qu'est-ce que vous faites !

Vite la jeune femme ajouta :

— Ce n'est pas par-là, ta chambre, mam', c'est de l'autre côté !

Mais il me poussa brusquement dans le cabinet et ne pouvant pas m'enfermer, m'entraina dans le séjour, vers le canapé.

— Maintenant tu vas dormir, me dit-il en ouvrant un petit flacon.

"Tiens, je pensai, quand se mit-il cette serviette sur le visage ?"

— Ne lui donnez rien, monsieur, intervint-elle, en douceur. Elle a pris son médicament du soir et ceci lui fera mal. Ayez pitié d'elle, monsieur, elle a perdu son fils unique. Voyez-vous ce tableau-là ? C'est son fils qui l'a peint, d'après plusieurs peintures aimées.

À ces paroles, le jeune homme pointa l'indicateur, vers l'image de Louis, dans son enfance.

Elle répondit vite :

— C'est son fils, peint par un ami de son père, d'après une photo.

— Alors c'est toi qui vas dormir.

— Ne me donnez ça, à moi non plus, monsieur, parce que je souffre du cœur, je vous promets de ne pas vous dénoncer …

Le jeune homme ne fit qu'un signe de la main, comme un avertissement, et remit la bouteille fumante dans sa poche.

Il se dirigea vers le téléphone et lui coupa le fil, pendant que je me précipitais vers ma chambre où j'avais mes lunettes, mes photos …

— Non ! fit-il, pas là-bas !

Et m'indiqua l'autre chambre, visitée.

L'étrangère m'accompagna, en prenant la clé de l'extérieur.

— Qu'est-ce que vous faites ! s'écria l'homme.

— Je voulus nous enfermer … s'explique-t-elle avec son sourire désarmant.

Et le jeune homme vint et prit la clé :
— C'est moi qui vais le faire !
Nous voilà donc verrouillées.

— Tu ne crois pas qu'à deux, nous aurions pu le mettre à plat ? je lui chuchotai, en lui montrant ma canne.

Elle ne fit que remuer la tête …

On était dans la plus petite chambre, sans téléphone.

Après avoir entendu la porte du départ, elle prit ma canne et signala par quelques coups, sur le plafond, le besoin d'aide, à notre voisin de l'étage supérieur.

Un peu après, on entendit le gardien nous appeler de dehors.

Elle lui fit comprendre à travers les vitres qu'on était enfermées. Et comme il trouva la clé sur la porte vint nous délivrer.

Bien sûr que tout le monde apprit la nouvelle du gardien.

Le voisin du palier vint nous sommer :
— Vous devrez appeler la police pour le décrire.
— Je ne me souviens pas sa figure, monsieur. D'après son comportement, il paraissait un prince …

Et vraiment, le lendemain, quand elle s'en alla changer l'appareil téléphonique, elle me raconta l'impression de confondre ce visiteur avec tous les jeunes hommes rencontrés.

Par correctitude, elle avait demandé un policier rencontré en chemin si elle était obligée de parler à la police de la visite reçue, par erreur, sans doute. Et on lui a répondu :

"Non".

Pourtant la nouvelle se répandit partout, de sorte qu'un jour, elle reçut le coup de fil d'un monsieur important à qui elle avait confié plusieurs de ses contes.

— Pourquoi ne dénoncez-vous pas le voleur venu ? l'apostropha l'homme. Ne pensez-vous guère à d'autres femmes ?

— Pourquoi ? reprit-elle. Parce qu'il ne nous a pas fait de mal. Plus encore, il a pris sa responsabilité d'entrer par la fenêtre ouverte, avec le couteau à la main et ne nous à forcées en rien. Pendant que ceux en qui j'avais eu confiance et dont j'avais ouvert amicalement la porte, m'ont mentie, m'ont trahie, m'ont escroquée, m'ont volée !

… Et ce monsieur, qui avait fait cadeau à une protégée des contes qu'elle avait écrit et confiés à lui, dut se taire.

Puis, je ne savais point comment put-elle reprendre la vie normale, ou peut-être essaye-t-elle d'être forte, en me priant :

— Mam', tu as l'habitude du travail intellectuel de Louis. Voilà des livres et des revues à lire. Si tu as besoin de quoique ce soit, appelle-moi. Je me mettrai à écrire encore des contes. Es-tu d'accord ?

Bien entendu que je l'étais. Je n'oubliais nullement comme elle avait plaidé en ma faveur pour me sauver la vie.

Néanmoins, ma santé se dégradait. Mes pieds s'engourdirent jusqu'à leur totale immobilité. Elle engagea des infirmières journalières, pour l'aider à me soigner, mais elles auraient voulu ne faire que m'administrer les médicaments.

— C'est moi qui lui donne les médicaments prescrits, leur répondit-elle, j'en prends la responsabilité de ce qu'elle avale. J'ai fait appel à vous pour le soin d'aide infirmier.

Ensuite elle apprêta un déplacement pour une semaine dans le Midi, ou elle devait résoudre des problèmes administratifs. Elle me laissa une provision de pansements, un tas de serviettes propres et les linges nécessaires jusqu'au plafond. En plus, fit venir une connaissance à qui confia-t-elle toutes les provisions alimentaires dans le réfrigérateur et de l'argent pour en acheter encore, si c'était nécessaire.

Une aide-ménagère devait aussi l'aider. Mais celle-là se mit à lui utiliser son premier ordinateur paru et la machine à laver avec séchoir, et quoi qu'elle avait été prié de ne pas y touches, elle finit par les abîmer.

À l'arrivée de la belle-fille je lui rapportai que cette fausse amie m'a fait peur d'être abandonnée et que pour compenser sa malhonnêteté, elle me chatouillait.

Enfin, ma belle-fille appela au téléphone un frère de Roumanie, grand docteur, qui lui demanda plusieurs détails de mes précédents signes de dégradation physique et conclut qu'elle devait remplacer l'actuel médecin traitant par un spécialiste parce que le mal a commencé depuis la mort de mon fils, par une petite lésion sur l'écorce cérébrale.

L'initiative prise, le jeune médecin traitant porta plainte à la Sécurité Sociale, où ma belle-fille dut affronter le médecin en chef et put donner les arguments convaincants pour maintenir le spécialiste.

Quand même, peu de temps après, le spécialiste m'hospitalisa. Puis, à son insistance pour une éducation physique nécessaire à me rendre capable de marcher, l'hôpital me plaça à L'institut de Gériatrie.

Depuis, ma belle-fille venait chaque jour me voir, de sorte que les infirmières la prenaient pour ma propre fille.

Plus encore, elle était très gentille avec le personnel soignant, surtout à l'occasion des fêtes. Elle m'acheta des robes appropriées à ma position assise au fauteuil. En connaissant mon habitude de me soigner, elle apportait de petites bonnes crèmes qu'elle me passait sur le visage. Elle dépensa tant, qu'elle dut s'engager à payer pour longtemps, pour tout acquitter.

Un jour, pendant notre promenade au parc de l'hôpital, je lui dis :

— On est loin de la maison ? On ne peut pas s'en aller tout de suite ?

— Oh, mam', je l'aimerai bien, car je suis très seule. Mais s'il t'arrive quelque chose de fâcheux, je serai accusée de t'avoir soustraite au soin hospitalier pour te faire disparaitre. Tu comprends ?

Toutefois, elle fit appel au médecin en chef qui lui refusa par écrit la demande.

Alors, j'essayai d'accélérer ma guérison, en quittant toute seule le lit, et faire les exercices de marche plus souvent.

Alarmées, les infirmières surélevèrent le lit, pour m'empêcher de descendre seule, mais oublièrent de hausser aussi les grilles du lit ce qui se solda par ma forte chute. Sans m'avoir plainte de mes atroces douleurs, sans avoir poussé même pas un soupir, le docteur ordonna l'arrêt de mes exercices.

Par la suite elle se donna davantage de peine de me rendre agréable le séjour dans le milieu hospitalier avec de revues et de nouveaux livres, et les photos du petit Louis à revoir. Aussi elle me raconta d'avoir dit au curé que si elle avait souffert à cause de moi, c'était par sa propre faute, car elle n'avait pas su mieux m'approcher.

J'étais bien contente de l'entendre, mais en réalité les deux châteaux d'une certaine comtesse, avec lesquels mon fils aurait pu devenir seigneur m'avaient toujours dépitée. Dans cette période, sa fausse amie vint à nouveau intriguer que ma belle-fille m'a abandonnée. Je ne la croyais plus.

Enfin, l'anniversaire de mes cent ans arriva. Je fus coiffée, habillée dans une nouvelle robe, entourée des invités et des musiciens. Seul le maire ne put pas se déplacer, retenu dans des circonstances politiques.

Attendrie, sans doute pour avoir pu tenir sa promesse de m'aider à devenir centenaire, ma belle-fille était toute en larmes. J'ai constaté enfin, qu'à part mon fils, il y a eu quelqu'un d'autre à m'aimer dans ma vie.

— Vous pleurez ? firent les infirmières, inhabituées à ces pures émotions pour les vieux confiés à l'institut de Gériatrie.

Et la musique recouvrit le bruit des verres choqués en l'honneur de mon centenaire …

Ainsi, je revoyais ma vie dans la chambre-réserve, où j'étais transportée sous perfusion de sérum physiologique, au moment où j'entendis ma belle-fille.

— Mam', c'est moi …

Et je lui sentis ses délicates mains me frictionner les tempes, la nuque, les plantes, les mains.

— Si tu me sens, si tu m'entends, fais-moi un signe, mam' …

Je réussis l'effort d'ouvrir mon œil droit.

— Oh ! Mam' ! fit-elle. Je téléphonerai à mon frère, qu'il me conseille la plus appropriée nourriture à te perfuser pour t'y remettre. Tiens bon !

Cependant, lendemain, tôt le matin, je perçus son sanglot, comme un lointain écho, et avec la dernière tension de ma vue, parmi les cils, je pus la voir se plier en deux.

— Par ces pleurs, voulez-vous donc nous accuser de ne pas l'avoir sauvée ? murmuraient les infirmières.

— Non !... C'est ma faute de n'avoir pas été capable à m'entourer des aides compétents pour pouvoir continuer le soin à la maison, pleura de nouveau la femme choisie par mon fils, à qui je donnais si tardivement mon total accord …

Getuta

On ne l'avait plus vue depuis qu'elle n'avait qu'un an et demi. Maintenant, elle passait dans la deuxième classe primaire à la selecte école Notre Dame.

Après la perte de son père et de sa grand-mère, son oncle Tudorel, sous la protection duquel elle se trouvait, avait confiée Getuta (la petite fille de mon père de son premier mariage), pour passer les grandes vacances chez nos parents. Quelle joie pour nous ! On était quatre, avec elle, cinq !

La prairie, la colline et nos arbres nous appartenaient !

Michael, qui me suivait dans l'âge, fut fortement étonné de constater son extrême innocence. Car sur la colline, je leur montrais, dans un jeu de nuages, un château imaginaire, et la petite buvait mot par mot, comme si s'était mon propre château que je leur présentais.

On évitait d'habitude la rivière qui était pleine de gouffres : les anciens trous faits par les roues enfilées de seaux et destinés à l'arrosage des jardins à légumes.

Seuls les bons nageurs, comme notre père, se permettait d'affronter ces gouffres en traversant la rivière. Les enfants, n'en avaient pas la permission d'y aller.

Alors, un jour, quand nous devions rester à la maison et chacun se retirait avec un livre à lire, Getuta suivit le plus jeune de nous, Bily, qui avait la préférence de grimper dans les arbres fruitiers.

Ce jour-là, il avait choisi un vieux murier.

— Veux-tu monter aussi ? fit Bily avec amabilité.

— Oui, se précipita Getuta.

… -Tu n'as pas envie de lire, aujourd'hui ?

— Non, je monte dans l'arbre …

Comme j'étais l'aînée du groupe d'enfants, je lui mis l'échelle et j'attendais qu'elle se retrousse tout près de Bily, mais elle monta dans l'arbre plus haut encore.

Maman, qui était occupée, m'appela chez elle, mais je lui chuchotai que je dois veiller sur Getuta, qui était là-haut dans le murier. Elle courut alors avec vers le murier en cause.

La petite Getuta se trouvait nue sur une branche nue et ne pouvait pas descendre. Maman grimpa vite dans l'arbre et se mit à parler en douceur à Getuta :

— N'ai pas peur, ma chérie je te mettrais mes mains comme des branches et tu descendras l'une après l'autre.

Mais mon père, enveloppé dans un drap, s'est mis en colère :

— Qu'as-tu cherché dans l'arbre, si tu ne sais pas comment faire !

J'étais derrière lui et j'observais le tremblement de marges du drap qui le couvrait. C'était sans doute la responsabilité qui lui revenait. Mais sa voix à peine maîtrisée me remplissait de frayeur, à l'idée qu'il puisse frapper ce petit ange à sa descente.

Contrairement à lui, maman, qui se trouvait presque debout, parallèlement à la grande branche nue sur laquelle la petite descendait, lui passait tantôt une main, tantôt l'autre, et l'encourageait d'y poser les plantes de ses pieds sur ses mains nus.

— Doucement, ma chérie, n'aie pas peur. Très bien, ton petit pied sur ma main, je te soutiendrais. N'aie peur de rien. Aie confiance en moi. Maintenant descends l'autre petit pied. Dis-toi que c'est une branche … poussée pour toi …

Heureusement, la chaleur de la voix de maman put transmettre à Getuta la confiance dont elle avait besoin jusqu' à ce qu'elle se retrouva collée sur la poitrine de maman qui descendit avec elle serrée dans ses bras et avec un doigt posé sur ses lèvres vers mon père, pour lui tempérer la colère et l'aider se maîtriser lui-même. Ensuite maman courut avec Getuta à l'intérieur de la maison, où elle l'enveloppa dans une grosse serviette et lui servit une cuillère vite pour lui calmer l'émotion vécue. Mais la petite eut le courage d'affronter mon père le lendemain. Dès qu'elle le vit, fut-elle qui lui dit :

— Grand-père, j'aimerais retourner à l'oncle Tudorel … Ce n'est pas pour moi de faire de telles bêtises pour vous énerver … Pardon …

… Le pauvre ange Getuta ! … Elle ne savait pas que l'héritage de la maison qu'elle eut partagée avec son oncle était tombé dans les griffes de la plus affreuse des sorcières, qui n'avait qu'un seul but : se débarrasser de Getuta. Et le plus vite !

Avec un étrange pressentiment, aussi stimulée par maman, à Noel, pendant les vacances, je fis un détour au village du grand frère paternel pour voir quelle était la vraie situation. Je fus prise d'assaut par la femme-sorcière, qui en réalité devait s'occuper de l'enfant.

Elle a osé me dire à-propos de Getuta : 'C'est ma maison ! Et Tudorel ne fait que l'encourager ! Aujourd'hui-même, il lui a donné dix francs à dépenser à l'école ! Dix francs ! Où est-ce qu'il va arriver ?'

Getuta se taisait. Je ne savais pas quoi riposter. Alors la femme que se faisait appeler Sisi, se mit à insulter la petite, à l'accuser, à la menacer de la retirer de l'école. Il y avait en cette femme l'envie de la frapper, de la détruire. La petite voyait que ma présence était sa seule protection. Pour combien de temps ? Car la mauvaise femme se mit à hurler. Getuta commença à trembler de terreur.

— Je crois que vous devriez vous tempérer. Regardez-là, elle ne supporte plus ce scandale.

— Je dois appeler le docteur, dit-t-elle, sans rien faire quand même. Getuta tremblait de plus en plus fort. Elle secouait le lit avec son tremblement.

— Si elle meurt maintenant, on va dire que c'est ma faute ! s'écria la femme.

Le pauvre enfant s'allongea sur son lit, secouée par la terreur.

En me voyant me lever, la femme répéta :

— Je dois faire venir le docteur …

Mais elle ne fit aucun geste, ni de téléphoner, ni de s'habiller, ni d'habiller la petite.

'Où aller ?' je me demandais. Je ne savais pas qui appeler au secour. Heureusement, je pus attraper l'autobus pour arriver enfin auprès de mes parents …

… Le petit ange était reste avec la sorcière …

Je racontai tout à maman, qui à son tour, a tout rapporté à mon père. Et lui, tout de fois mis en colère pour nos bêtises, dit à maman :

— Qu'elle vienne chez nous …

Mais c'était dur à le lui transmettre. Aussi, on s'attendait qu'elle ne revienne pas, surtout que la sorcière ne la lâchera pas de ses griffes.

Et puis, mon père arrivé à la retraite après bien de tiraillement, aurait-il été capable de maîtriser ses colères ?

Et enfin, quelle école donner à cet adorable ange à la campagne ? C'est vrai que mon père était un admirable autodidacte, qu'il était violoniste, qu'on avait un vieux pian.

Mais peu de temps suffit à tous d'apprendre qu'une simple amygdalite fut assez à la sorcière pour se débarrasser d'elle …

… Beaucoup plus tard, au mariage de Gina, une autre nièce, je me retrouvai sans m'y attendre dans la chaleureuse, enthousiaste embrassade de Sisi, que je n'avais pas reconnue dans sa peau neuve de maîtresse absolue. Je ne me suis jamais pardonnée d'avoir reçu, sans le vouloir, les accolades 'amicales' d'une si monstrueuse sorcière, qui peu de temps après se mit à serer de près le revenu du pauvre oncle Tudorel, arrivé entre temps son obéissant mari, qu'elle devait sacrifier à son intention de devenir la propriétaire d'une très jolie villa, destinée à un si délicat ange …

Esquisse de portrait illusoire

Durant l'orage, la Mer Noir avait tourmenté ses bras, les avait jetés vers le ciel. Mais au moment où la pluie cessa, les nuages s'effilèrent en fioritures, en argentures çà et là dorées. Je pouvais partir ! Stelor m'attendais sûrement au cinéma de la station climatique du lac où il travaillait comme médecin balnéaire.

Une touché de rouge aux lèvres et ma jolie écharpe sur les épaules d'une simple robe de lin sur ma taille fluette n'avaient pas besoin d'autres accessoires à mon frêle âge.

À la vitesse d'y être, j'y arrivai.

Au fond de la sombre sale ou je pénétrai par la porte, un jeune monsieur grand et solidement bâti, m'aida à m'échapper à l'affluence. Mais Stelor n'y était pas …

Le même monsieur m'aida à m'échapper à la multitude pour sortir. Je refusai qu'il m'accompagne : le sanatorium où Stelor travaillait, se trouvait en bas de la même pente. Néanmoins, Stelor se trouvait logé dans l'un des trous aménagés en plus à l'entrée pour les bains chauds des employés (des jeunes docteurs aussi !).

Pour ne pas l'importuner, je partis quelques instants après. Au loin, j'aperçus le jeune monsieur qui m'avait escortée, en mâchonnant :

`L'âne, ne la pas conduire !`

À mon approche, il me dit :

— Permettez-moi de vous accompagner … La nuit est tombée je ne peux pas vous laisser seule dans cette station où faisonnent les gens du monde entier ! …

Ensuite il m'avoua :

— Je suis heureux de vous avoir connue …

— Demain, je rentre à Bucarest.

— Dommage, mais je vous suivrai cette semaine-même … et je ne vous laisse pas vous retirer avant que vous ne me donniez votre numéro de téléphone. Je ne vous décevrai pas ! Vous êtes mon idéal. En plus, vous ressemblez à ma sœur. Mais quelle jolie villa vous habitez ! Et sur le pas de l'entrée il s'arrêta, enfin.

À Bucarest, après une semaine... je vis son visage s'allumer, fleurir de surprise. Il paraissait comblé, reconnaissant d'être belle pour lui.

Je portais une robe blanche, d'une soie mince, au-dessus de laquelle un cerisier avait parsemé délicatement ses pétales. Mes fines chaussures et le sac, et surtout la haute coiffure qui laissait libre sur la nuque une fusée de boucles châtaines, tout paraissait en accord avec son éxigence.

De quelle façon fumes-nous arrivés dans ce jardin-restaurant au bout de l'importante chaussée ? Je faisais attention à son serrement de main qui me communiquait la joie de me voir. Il prit mes deux mains et plongea dans mes yeux l'amoureux feu de ses yeux, pour me faire sentir qu'il m'aime !

Ensuite il se mit à me parler. Ses traits réguliers respiraient la franchise, la décision. Ses paroles, l'intelligence !

La vue de quelques voitures à chevaux nous surprit.

— Oh ! je m'exclamai. Cette sorte de voitures existe toujours ! Quand j'étais petite, mon père me conduisait au pensionnat par la voiture aux chevaux parce que je supportais mal le taxi, surtout l'autobus. J'étais un enfant fragile ...

À l'instant, le jeune homme me fit monter dans une telle voiture et me conduisit à la limite admise par son parcours d'où le taxi nous mena vers la maison. Comme il n'accepta pas de me laisser seule sur l'obscure escalier, il monta aussi jusqu'au premier étage et je dus l'inviter à l'intérieur. Dans ma chambre, il vit les feuilles étalées du roman auquel je travaillais et les crayons en désordre sur le canapé, et commença à lire. Après plusieurs pages, certains indiquées par moi, où il fit quelques remarques, il s'écria :

— Je ne partirai pas sans vous ! ...Car mon oncle d'Australie tient à faire de moi son héritier. Je vais acheter pour vous même une typographie ! Et voilà que je vous demande une faveur : me donner trois garçons. Vous avez plusieurs frères et sœurs. La chance existe. Et je vous ferai la vie un rêve !... Dès le début je vous ai dit que vous êtes mon idéal …

Ensuite, comme si à partir de ce moment-là je lui appartenais, il m'embrassa et me laissa le numéro de téléphone de son bureau

— À très vite ! ajouta-t-il. Encore une embrassade et il s'en alla …

Le lendemain il m'invita au jardin de Cismigiu tout près au centre de Bucarest, pour connaître sa sœur, Lili. Quand même, je n'étais pas prête à sortir ! Je devais m'excuser. La nuit avait eu tant de surprises et d'émotions !

J'essayai de l'appeler au numéro indiqué.

— Puis-je parler à monsieur Sandu Serbu ?

— Vous voulez dire Sandu Leibu, répliqua la secrétaire.

Oh ! mais il portait le même nom que le mari de la sœur de ma mère. Depuis mon enfance, quand ma mère montrait à quelqu'un le portrait de sa jolie sœur décédée en fleur de sa jeunesse et ajoutais que je lui ressemblais, on lui répondait en me regardant : 'Qu'elle ne soit pas son ombre !' Ce que me troublait, me fit grandir dans cette frayeur …

Jeune fille, quand les toilettes choisies par ma sœur Silvie me mettaient en valeur une grâce dont j'étais moi-même étonnée, le premier à me demander la main fut un jeune juif avec lequel je travaillais dans la même rédaction éditoriale. À l'occasion d'un accident, quand je me rendis chez ses parents pour le voir, sa sœur fit l'observation que mon origine intellectuelle sent la richesse et qu'il doit choisir son élu parmi les plus proches de la classe ouvrière, comme la belle Aurore, par exemple, qu'il connaissait, grandie en travaillant comme domestique. Cet affront me fit fuir le garçon, sans plus évoquer l'ombrageux souvenir de ma tante. Mais maintenant ?... Maintenant ? ...

Il n'y avait qu'à faire conseil avec mon frère Michael, docteur dont la profonde pensée, l'esprit acéré, et aussi le savoir, auraient pu m'indiquer le bon chemin à suivre.

— Il m'a parlé de ses intentions avec précision et sérieux. En plus il est d'une élégance, dans le comportement, d'une délicatesse ...

— Alors, pourquoi tu hésites ? Marie-toi avec lui !

— C'est l'ombrage de tante Jeni. J'ai l'impression qu'il y va de ma vie ! ...

Je me présentais quand même au rendez-vous sans plus faire attention à mon allure, dans une simple robe de coton jaunâtre, conçue par moi-même, et des blanches sandales trottées chaque jour à l'achat de fruits. Sa sœur à l'aspect soignée me regarda contrariée. Avec l'excuse d'être empressée pour l'achèvement de mon écrit, je raccourcis l'entrevue. Il me donna le numéro de téléphone de sa mère, si le temps me permettait de le revoir, et me reconduisit jusqu'au coin de la rue. Là, il me prit encore amoureusement les deux mains, les embrassa et les colla sur ses joues en fermant les yeux pour quelques instants.

Quelques jours plus tard, je reçus de nouveau la visite de Sandu. Je venais de prendre une douche, mes cheveux attachés dans ma serviette blanche. Mais je portais une élégante robe d'un ton très foncé que j'avais mise auparavant, garnie d'une rose rouge, sur la poitrine.

Reçu par moi d'un faible sourire, il venait de s'assoir, quand sans frapper, pénétra dans la chambre madame Ficman, la voisine du rez-de-chaussée, une dame d'ailleurs distinguée, pour m'avertir avec énervement que ma baignoire lui avait inondée la salle de bain. Bien émue, j'entrouvris la porte, y tournant le bouton électrique, pour lui faire voir ma cannelure sèche et la baignoire parfaitement propre. En même temps, j'eus l'impression que Sandu l'avait fixé. Soudainement, la dame s'offrira m'envoyer son bon plombier à tout remédier. Puis, elle s'en alla en présentant ses excuses.

Je chuchotai à Sandu :

— Merci…

Mais il m'interrompit :

— Je t'en supplie, quand tu as un peu de temps, une promenade te fera du bien. On pourra entamer des projets. Un simple coup de téléphone et je suis à ta disposition. Aie confiance en moi. Je t'aime. En plus, je pense tout le temps à ton roman. J'aime l'action, le style, tes réflexions, le dialogue, tout ! ...

... Combien de temps s'écoula jusqu'à ce que je reçoive l'envoie de l'Union des écrivains pour une documentation au Nord de Transylvanie, à compléter les aspects de mon roman qui parut au président fort dramatique ?

— Un encadrement d'impressions lointaines n'aura qu'à souligner la beauté de vos écrits et l'intérêt de lire ... me conseilla le président.

Mon premier souci fut d'annoncer Sandu.

Mais au téléphone répondit sa mère :

— Voulez-vous détruire l'avenir de mon fils ?... Mon frère lui a préparé le mariage avec la fille d'un ami, un autre grand industriel. Réfléchissez donc ! Et ne l'appelez plus !

— Excusez-moi madame ... Et mes hommages d'avoir un si épatant fils ...

De cette sorte, je traversai le large plateau de Transylvanie, je pénétrai les montagnes de l'Ouest, j'eus le courage de descendre dans une mine d'or et le bonheur d'être chaleureusement invitée par une famille de mineurs, à partager leur modeste déjeuner. Long temps, le souvenir de cette façon de montrer leur humanité, générale aussi dans les plaines roumaines, mut mon cœur et me mit des larmes aux yeux. Après l'arrêt dans un village, à un mariage folklorique où je sacrifiai mes perles pour la joie de la mariée, j'observai une immensité de cigognes entassées les unes contre les autres, des millions peut-être, toutes en attente pour l'arrivée de leurs sœurs nordiques, dont elles quêtaient la survenue.

D'où qu'elles connaissaient l'existence et l'arrivée ? Quel pressage ancestral les reliait ? C'était par l'odorat qu'elles s'orientaient ? Par l'oui ? Par une mémoire spécifique ?

L'homme pourrait-il saisir autant des secrets de la nature que des inconnues vérités ? ...

De retour dans la ville, j'ai eu des nouvelles de mon père, qui n'était pas bien. Soucieuse pour la santé de mon père, je suis arrivée au village. Au moment où maman me reçut dans ses bras, je savais ce qu'elle va m'annoncer :

— Le jeune homme t'a appelée chaque jour ...

... Mais maintenant Sandu ne téléphona plus.

Sa mère lui aurait dit la vérité et il a tiré la conclusion que maman s'y opposerait aussi ? Ou elle a jeté un doute sur mes sentiments ? Son oncle serait intervenu ? Ou bien, on lui préservait l'innocence à ce sujet pour ne pas le faire souffrir ?

Une inquiétude s'infiltrait dans mon cœur. Une crainte. Un cri !

Un temps j'attendis de ses nouvelles.

Cependant, je ne pouvais nullement subir un tel tourment.

Papa partit aussi … . Mes deux furent fort impressionnées, surtout celle qui en voulait à notre père pour ses violences d'antan. Le seul qu'on ne trouva pas pour lui annoncer la triste nouvelle fut le frère docteur qui avait été présent auprès de notre père.

Les jours se suivirent tristement, avec la noire Valencienne de maman découpée par elle pour couvrir nos têtes, les géante couronnes parmi lesquelles celle de ses anciens enterrés, l'arrivée de son vieil ami Doru de la Maison des écoles et la solennelle présence de l'important prêtre Barbulescu, curé de la grande église St. Silvestre.

Pendant que tous les enfants du voisinage apportaient des fleurs du parc avoisinant, la belle sœur qui détestait notre père lui arracha la petite icône d'argent du cercueil, que le prêtre lui avait mis sur la poitrine pour être embrassée par tous, et la remit à sa place, sur le mur.

Les frères et beaux-frères prirent le cercueil sur leurs épaules pour le cimetière qui se trouvait presque vis-à-vis.

En fin de service religieux, à la descente aux tombeaux, j'entendis le déchirant cri du frère cadet, Bily :

— Papa ! ...

Comme dernier salut ...

Ensuite on rentra avec maman en sanglots. ...

Je souffrais tant, pour l'humanité entière. Presque tout autant, pour les problèmes de ma famille. En plus, pour les personnages de mes écrits.

Décidément, je ne devais plus y penser.

La vie prit d'ailleurs une telle tournure, que mes sentiments et mes craintes fondirent dans un trouble présent.

... Aurait-il ses trois garçons ?... Serait-il heureux ? ...

Se souviendrait-il de moi ?

Loin du cœur ... Parce que loin des yeux ...

Valait-il mieux que je lui dise adieu ? ...

Le bain rouge
(Esquisse de l'effondrement d'une prison à vie)

— Fais attention, Nicolette, et regarde bien cette chambre ! Prends des yeux la mesure des fenêtres et des murs, car si tu passes le seuil pour t'en aller, tu ne les rêveras plus, dis la belle-mère à sa très jolie belle-fille.

Mais Nicolette partit avec son vieux père venu la chercher à son appel.

Sur ses traces, Nicolas, son jeune mari, averti trop tard, courait avec désespoir. Il ne l'attrapa qu'au Grand-Chemin, au moment où le seigneur de la contrée arrêta sa voiture aux imposants chevaux et d'un seul tour des bras, enleva la jeune beauté pour l'emmener.

Le jeune mari se jette en lutte. Le seigneur le fouetta sans pitié. Au comble de sa colère, Nicolas arrache un gros gourdin entrelacé dans une clôture et frappe au hasard avec une telle force, que le seigneur tombe mort.

— Adieu ! dit-il à Nicolette, prêt à s'enfuir.

Cependant, elle le prit par la main et courut avec lui.

La forêt n'était pas loin. Il n'y avait pas longtemps depuis que le grand brigand Alexa-le-Vautour s'était rendu à la gendarmerie. Quand les deux jeunes gens arrêtèrent leur course effrénée, le soir tombait.

— Rentre, Nicolette, rentre, tu es trop délicate pour affronter la vie sauvage. On n'a même pas des vêtements d'homme pour toi.

— Je ne te laisse pas seul.

— Tu comprends, ma chérie ? J'ai tué un homme … Je n'aurais pas voulu le faire. Son fouet m'a mis davantage en colère … Tu pourras même témoigner contre moi, pour te sauver …

— Jamais ! …

À ce moment-là, un faible bruissement se fit entendre.

— Chuut !... Chuut, mes enfants, n'ayez pas peur. Chuut …

Les deux tressaillirent et se serrèrent plus fort dans les bras, en regardant l'ombre d'un vieil homme qui s'approchait.

— Chuut … chuchota-t-il encore. Il n'y a pas d'espoir. Même si on se rend, c'est la mine de sel qui nous attend … Tout pour prolonger le plus la liberté …

— Et quoi faire avec cette liberté dans la perpétuelle menace ? dit Nicolas. Et en plus, le remord. Je pourrai me rendre seul.

— Non, non ! fit Nicolette.

— Pour l'instant, voilà ces vêtements d'homme. Habillez la femme ! J'ai aussi une couverture … Allez, courage ! On va y penser demain … J'ai du pain … Un peu plus bas il y a une bonne source d'eau … Moi, je n'ai tué personne ! Mais je fais partie des complices d'Alexa. Je préparais à manger pour eux. Je lavais leur linge. Alors, je me tiens loin … tant que je peux. Car bientôt l'hiver sera là. Les abris d'Alexa ont été brulés par les gendarmes. On ne pourra pas tenir bon. Surtout que l'hiver les petits animaux se cachent … les loups vont nous sentir …

Et le vieil homme se pelotonna, se mit en boule dans un bosquet et s'endormit sans retard.

Nicolas continuait à parler à sa femme :

— Si tu prends le chemin à l'envers, tu seras vite arrivée au village. Ton père va mieux te conseiller. Il va même te défendre.

— Non, fit de nouveau Nicolette et s'accrocha de lui, le fit se pencher avec elle en couverture dans un autre buisson touffu.

Le matin le soleil brillait fort parmi les branches. Quoiqu'ils aient dormi les poings fermés, après la folle fugue de la veille, les deux se sentaient toujours épuisés.

Le vieil homme avait préparé un petit lièvre avec des oignons sauvages et de cèpes. Au lieu de vinaigre, il avait arrosé le rôti avec du vin aigri. Les jeunes gens mangèrent à satiété, burent de l'eau fraîche et se sentirent un peu plus à l'aise. Cependant, Nicolas n'était pas tranquille.

— Ma chérie, ne reste pas avec nous ! Tu dois partir ! Si tu veux, je t'accompagne un bout de chemin.

— Allez, mes enfants ! Pour vous sortir de l'embarras, je suis capable de me rendre avec Nicolas !

— Tu vois ? Si tu ne pars pas, le pauvre homme se sacrifie ! Que veux-tu, que je te gifle, pour te chasser ? Va-t'en !

Nicolette se mit à sangloter si bruyamment, que son mari ne savait plus de quelle façon lui arrêter les pleurs.

Et ce ne fut pas par hasard qu'un groupe de gendarmes à cheval apparut sur le chemin qui longeait la bordure de la forêt. Ils les aperçurent de loin se disputer et mirent les armes à l' œil.

Le vieux fut le premier à lever les mains. Puis Nicolas.

— Elle est innocente, dirent les deux d'une même voix. Laissez-là s'en aller …

— Non, je vais avec mon mari. C'est pour moi qu'il a tué le seigneur. Autrement, il n'aurait fait du mal à personne ! C'est le fils de la veuve Constantine. Tout le monde connait ses enfants bien tenus en frein. Si je reste au village, à bon raison, elle me tuera ! …

— Allez ! fit le chef de gendarmes. Vous irez tous ensemble pour finir avec le crime dans ce lieu !... Ça … vous arrange … "Madame" ?... Vous devez garder ces vêtements d'homme. Et faites attention ! Là-bas il n'y a que des hommes ! Ne vous trahissez pas ! …

Et le groupe se mis en marche vers la colline.

Une semaine plus tard, tous les trois se trouvaient au fond de la profonde grotte à l'âpre senteur de sel iodé, de la localité sous-carpatique Slanic de Prahova.

Nicolette choisit une mince pioche qui lui facilitait le travail.

— Regardez ce garçon à quelle vitesse remue-t-il les mains, raillaient les autres. On dirait qu'il a tourné toutes les polentas de sa famille. Nicolette se taisait et retenait ses larmes.

Lendemain, les condamnés se mirent à jeter des poignées de sel vers la jeune femme et même des gros grumeaux.

Elle ne cria pas, par peur que sa mince voix puisse avoir des stridences qui la trahiraient.

— Laissez-le tranquille, osa le vieil homme, pendant que Nicolas tenait les poings prêt à sauter se battre, tout en sachent le résultat défavorable.

Ce fut alors que se mêla à la dispute le Vautour, qui se tenait d'habitude loin de tout conflit, pour ne pas enrager les gardes avec leurs yeux pointés sur lui. Il soupçonnait que ce merveilleux garçon à la finesse provocatrice de continuel scandale est en fait une femme, senta une histoire d'amour et aurait tant voulu la savoir. Il s'approcha de Nicolette et ressentit l'odorat féminin.

— Cela suffit, mes amis, dit-il, nous sommes tous dans le même bain, on endure la même souffrance, à vie, que rien ne peut soulager, surtout se moquer de l'un des nôtres ! …

Et sa stature puissante, sa voix forte, et l'accent douloureux qu'il donna à ses paroles, firent tous se retirer à leur travail. Aussi les gardes, qui ne s'étaient pas mêlées d'affaires pour si peu chose, le considérèrent avec sympathie.

Cependant, le grand brigand regarda le soi-disant jeune homme avec un intérêt qui faisait craindre Nicolas. Surtout que Nicollette avait penché les yeux en larmes et avait rougi à ce regard.

Cette rougeur fit Nicolas se méfier de tout, plus que de sa propre condamnation perpétuelle. Et en réalité, se demanda-t-il, qu'avait-il à espérer ?

Néanmoins, le Vautour se dit :

— Les femmes ne savent que pleurer, qu'elles aiment ou bien qu'elles détestent.

Et puis, le temps vécu au fond de la mine de sel l'avait renforcé, l'avait endurci ! Une nouvelle histoire d'amour ne pouvait que lui donner l'envie de revivre !

Il trouvait d'ailleurs injuste que le destin lui avait réservé le mal et faire du mal : à cause de lui, une jeune fille très pure comme Catherine sauta au milieu des loups pour sauver un enfant trouvé, la belle Angélique a encourut la mort en le trahissant, les paysans lui avaient repoussé le troupeau des moutons pour ne pas se salir les mains, et la sublime Madeleine se mit feu plutôt que de se laisser sauver par lui.

Et ce simple paysan, Nicolas, arrive à faire qu'une joliesse vienne à partager avec lui la condamnation à vie au fond d'une saline ?

Il se rappela les quelques pierres précieuses, cachées dans une crevasse, depuis sa venue. Feraient-elles quelque chose ? Non, il ne l'espérait pas. Faire du mal à Nicolas, d'autant moins. Alors ?

Patience … Il savait bien que par sa malice il a fait plus que du mal, il a imposé sa loi. Et qu'il n'est arrivé ici qu'en se rendant tout seul.

Alors, il saura que faire pour ne pas laisser un autre se réjouir d'un amour dévoué jusqu'au sacrifice sous ses regards désemparés !

La saline n'offrait pas de grandes possibilités. Pourtant les gardes, pour empêcher un nouveau conflit entre les condamnés, isolèrent le soi-disant jeune-homme dans un coin lointain et ce fut ainsi que le brigand se retrouva proche du lieu connu par lui seul. Il ramassa les quelques gros diamants et rubis, les enfonça dans les secrets de ses haillons, veilla la descente de l'ascenseur et s'empressa vers l'endroit où les gardes se trouvaient.

Mais en passant à côté de Nicolette, il lui livra les diamants et ne manqua pas de lui chuchoter.

— Pour toi, ma jolie …

À la vitesse d'un épervier, Nicolette lui renvoya au visage les pierres, avec un farouche mépris.

À un tel dédain il ne s'attendait pas. Rien ne l'avait abaissé davantage. Même le sacrifice de la sublime Magdalène, qui s'était immolée plutôt qu'être sauvée par lui, l'avait meurtri, mais pas humilié !

La décision du grand brigand fut prise. Pourtant ce n'était pas une grandeur d'âme, mais la haine morbide : 'Si le bonheur n'est pas pour moi, qu'il ne soit pour eux non plus !' Et sans penser à personne d'autre qu'à sa propre satisfaction de vengeance, il retourna à sa cuvasse qu'il se mit à évider, à la creuser avec un pie métallique dans toutes les directions jusqu'à ce qu'il sentit le jaillissement de l'eau venue des profondeurs …

… Au moment où les gardes donnèrent le signal de l'inondation, c'était trop tard. La multitude des condamnés ne put être sauvée. Les ascenseurs ne purent faire sortir qu'une partie des gardes. Le géant bloc de sel sur lequel on travaillait s'effondra sous son propre poids, alourdi par l'eau envahissante, et tous ces hommes, dans un bruit assourdissant accompagné des cris, hurlements et même éclats de fou rire mêlés de douloureuses plaints.

Longtemps, personne ne s'approcha de cet endroit. Le sang mêlé de blocs de sel et les corps déchiquetés restèrent se macérer dans la durée des saisons. Les pies de montagne de sel se renversèrent avec un sinistre cahotement. Plus longtemps encore, plus tard, les autorités clôturèrent de loin la région inondée, où les géants morceaux de la saline effondrée fondirent lentement.

Un jour, après toute sorte d'analyses biochimiques et constatations médicales, le lac formé fut destiné aux bains, avec des zones délimitées pour les enfants et leurs surveillants.

Les enfants venaient avec des ballons, des jouets flottants et de joyeux cris.

Une seule demoiselle, la fille de la directrice, osa faire la nage plane au large du lac, accompagnée par une fillette couchée avec la nuque sur les chevilles de ses pieds.

Ce fut à cette fillette qu'elle raconta l'histoire du lac.

— Et personne n'a pleuré ces pauvres malheureux ? demanda la petite.
— Personne…
— Oh ! s'exclama-t-elle avec les yeux en larmes… Cette fillette… s'était moi…

Voyage à Lille (France)

QUEL MYSTÉRIEUX APPEL ME ramène à Lille-Flanche ?

… Et d'où sors-tu, lieu d'art mystique, jalousement voilé face aux éclats du commerce ?

Les échos de la réponse arrivent de loin, de la préhistoire, consignés dans les traces archéologiques. Avec les profondes résonances d'un sol bâti par le temps et par le vent. Avec les vibrations d'eau qui fait jaillir de ses bras marécageux Lisla-Lille.

Il y a un tourment, parfois suivi, parfois contrasté d'âge en âge, qui vit dans les regards des habitants. Les récifs de l'endurance, et aussi la douce enluminure de fragrances ensoleillées.

Je me précipite vers les grands portails pour comprendre à la va-vite leur secret. J'y pressens en plus quelque chose de révélateur, et je tourne et contourne, et trotte et cours et je n'entends que le silence refermer ses cadenas …

Soudain, sur les plus brillantes pierres de la ville je tombe.

O non ! Peut-on si facilement tailler dans les rémiges de l'envol ? Ai-je fait un mal, peut-être, malgré ma conscience toujours en éveil, pour que la Sainte Justice me freine les rêves, la soif de bien, de beau, de vrai ? Sinon, que je sois pourchassée par un mauvais esprit ?

À l'hôpital St. Vincent de l'Institut Catholique de Lille, le médecin qui m'accueille est un de ces docteurs dont la science dépasse les sciences et l'humanité, les relie à sa source divine et voit l'issue dans une rapide intervention.

Et lendemain matin, me voici dans l'humble abandon de moi-même.

Pourtant le chirurgien prêt à m'opérer a dans ses yeux l'ouverture des cieux ! L'anesthésiste, la noblesse de s'y accorder. Alentour, des archanges et de anges, comme dans un solennel consensus de vie.

Combien de minutes va durer la découpe céleste pour ma nouvelle existence ? Combien d'heures ? Combien d'éternités ? …

… Puis …

... Puis tout-à-coup je revis ! J'entre dans la féerie blanche, dansante, où jeunes et adultes, laissant de côté tout souci personnel et tout amour, se penchent avec soin et affection sur la souffrance qu'on leur a confiée. On rencontre ici le rire sincère du Sud et la gravité du Nord, la vue méditative, mélancolique et la prompte spiritualité d'acier bleu. Surtout la splendeur des fiancées lilloises aux mille sourires et petites fleurs dans leurs cheveux.

La nuit, c'est un monsieur noir qui veille avec attention et calme. Sa collègue aux joues de cerisier d'avril vient pour ajouter sur le premier plan l'espoir. L'alternative, une belle blonde et son partenaire de garde nocturne, dont les traits d'un blanc marmoréen prodiguent d'indulgence. Et la fillette qui me parle comme aux bébés et m'incite à me nourrir tout en s'intéressant à mes préférences. Et la miniature en médaillon d'opale blanche préoccupée de ma future convalescence ...

Chaque jour en plus, au centre de cette chorégraphie, le pinceau de la Renaissance contourne la Sœur Supérieure, comme un guide lumineux.

Je ne me ressaisie qu'au passage du professeur à l'impeccable tranchant, ce maître omniprésent, dont la baguette orchestrale indique le rythme et le conseil à suivre par ses équipes qu'il aime au-dessus de tout !

Suis-je tombée pour mieux connaître l'âme de ces parages ? !

Dont je dois noter quelques mots en lien avec le travail d'abnégation régénérateur de santé. Ce travail presque ignoré, qui fait partie de la pulsation du terroir. De sa longue inépuisable chronique.

La plus gracieuse chevelure aux étincelants pétales, fille d'un historien, m'apporte les documents pour y puiser un schéma local.

Et quel miracle ! L'histoire a pleins les bras de fascinations ! Je traverse les temps qui se sont ensuivis depuis Jules César et les Gaulois, puis les Francs, tout ce qui a charmée mon enfance jusqu'à aujourd'hui. Je suis retenue par Baudoin IX de Constantinople, le père de Jeanne et Margueritte Baudoin IX. D'abord j'imagine qu'il soit le fils ou petit fils d'Henry de Flandre, empereur de Constantinople, qui a épousé Marie, l'inégalable joliesse, l'une des aïeules de ma mère … .

Quelle euphorie de me savoir apparentée aux Lillois !

C'est dans cet état d'âme que je suis conduite de suite vers le service de convalescence où je découvre des anges en blouse blanche. Dès le premier instant (après le départ des braves brancardiers) je suis reçue par une merveilleuse infirmière qui réunit le sérieux, la sagesse et l'efficacité. Elle me présente la Sœur Supérieure, aux traits de minerve réfléchie, que je retrouve chaque jour, comme une invisible présence. Ensuite je vois le docteur. Ce docteur presque timide, qui cache un puits de science intuitive, l'atout d'une grande intelligence. (Grâce à lui, secondé par sa merveilleuse infirmière, j'ai retrouvé la vue).

Son bon ami c'est le docteur kinésithérapeute. Grave et concentré, aux directives précises, il reste à l'écoute de tous les hospitalisés. Il a l'allure enfantine. Du haut de sa beauté, son sourire même paraît guérir.

Et plus tard, voilà le docteur chef d'unité au verdict absolu.

Il y a aussi les autres infirmières collaboratrices : la mignonne délicate mais ferme, qui ne recule devant aucune difficulté. Son échange, une blonde, la jeunesse mature et savante.

Enfin le jeune homme qui dépasse les attentes par sa rigueur et ses justes interventions, puis ses jeunes camarades aux imprévisibles preuves de bon sens.

Quoi dire encore des aides-soignants et soignantes, courant avec sourire comme le vif argent, pour accomplir les tâches quotidiennes qui parfois dépassent leur force. Quant aux veilleuses de nuit, toutes possèdent une étonnante patience et douceur.

La direction, l'accueil, les téléphonistes, les secrétaires médicales attentionnées et pleines de gentillesse. Tous ceux qui préparent les repas et envoient aux malades les plateaux esthétiques et savoureux. Les distributeurs, ceux qui assurent la propreté …

Les kinésithérapeutes commencent par les « sages » accompagnateurs ! Les jeunes kinés qui me reçoivent amicales et compréhensives donnent l'impression d'une parfaite cohésion avec l'entière unité, dans le but de soulager la douleur et réadapter chaque être à son activité spécifique.

Enfin, les anges gardiens sont là ! L'aumônière mince et distinguée et les dames de son équipe, animées de foi et d'affection. Avec une telle disponibilité, comme si leur existence tenait de ma santé !

À la demande du docteur, les bibliothécaires dévouées de l'hôpital m'apportent des nouveaux documents historiques.

Et Surprise ! Baudouin IX est en réalité Baudouin I, le chef de la 4e Croisade !

En 1204, il libère Constantinople et le Pape le fait couronnée empereur !

Cependant, un an plus tard, après l'infortune d'Andrinople, il échappe à la prison pour trouver refuge chez l'ami Borila, l'empereur des Roumains-Bulgares, qui le cache dans la célèbre grotte de Tarnovo, au sud du Danube. Reparti pour la France, on perd ses traces. A-t-il été blessé, malade ? Esclave, en essayant de se reprendre ? Mendiant ?

En 1206 seulement on retrouve son jeune frère Henry de Flandre, empereur de Constantinople, qui épouse beauté, que l'on dit, sans pareille (la fille de l'empereur Borila), en lui offrant en cadeau de mariage la cité de Nicosia (à Chypre).

Et leurs héritiers deviendront cousins de Jeanne et de Marguerite …

… Alors en tant qu'apparentée aux Lillois (aussi lointaine que je le sois) surtout après avoir admiré les insoupçonnables œuvres d'art et avoir vécu l'expérience hospitalière de la ville, j'ose me tourner vers la légendaire prospérité de commerce et de l'industrie locale pour le soutien de valeurs cachées.

C'est ainsi que toujours le soin médical et paramédical fera honneur à la ville.

Toutes les églises ouvriront les portes aux assoiffés de foi et d'art mystique pour une éternelle année culturelle.

… Et les enfants de Lille grandiront dans le réveil du Rêve, de l'Humanité, de la Conscience !. …

Enceinte

Un bébé n'est qu'un petit soleil qui vient de poindre au mystère des entrailles.

Mon cœur est traversé par une lueur. Par un frisson de vie. Par son amour pour moi.

Car mon bébé m'aime.

Il est là, protégé, nourri, bercé. Et tendrement reconnaissant.

Face au miroir, je retrouve son sourire dans mes yeux, et la touche de ses paumes sur mes joues.

Mon bébé se dodeline dans son sibyllin sanctuaire. Je me le figure à l'affectueuse écoute de mes paroles, de mes chansons.

Il se trémousse quand je soupire et se réjouit de ma liesse.

Parce que mon bébé m'aime.

Et qui respire avec moi les roses ? Et qui entend émerveillé le violon de son papa ? Ce n'est pas toujours lui ?

Le miracle naît dans mon sein. Je participe à la création et me trouve parmi les mamans qui font que l'humanité se projette en avant et de plus en plus haut.

J'assume l'immortalité de l'intelligence en chemin vers une perfection absolue. Cette maternité responsable me remplit de bonheur.

Et mon bébé m'aime.

À cette nouvelle, Mathieu fut saisi par une exubérance printanière. Ses plans devenaient tantôt zèle, tantôt rêve.

Avant même que les grandes vacances aient commencé, il put en parler à sa mère, à la marraine. Et ne tarda pas à me conduire chez les Demoiselles qui nous accompagnèrent avec enthousiasme, aux concerts, au théâtre.

Mathieu me commanda aussi des robes : l'une beige au chapeau garni d'une fleur de lilas. Une autre noire, la dentelle du corsage doublée d'une soie rouge avec le chapeau couvert de roses assorties.

Comme un prestidigitateur, il me tentait :

— Dis-moi, quelle envie as-tu ?

— Aucune, je répondis.

— Mais tu dois avoir quelques appétences fantaisistes. Les femmes enceintes ont des caprices gourmands. Ne désires-tu rien ?

— Si j'ai dit que non …

— À ta place, j'en demanderais tout …

Et la journée suivante, il me fit goûter autant de raretés friandes que ses protectrices avaient pu lui offrir durant l'enfance entière.

(Dans mon sein, le bébé, comme un petit prince, assistait avec indulgence à toutes ces folies faites en son hommage...)

De retour chez-nous, Mathieu continua les gâteries.

Son violon me rendait rêveuse. Le rire, optimiste et confiante. Ce grand rire qui ensoleillait de l'intérieur toutes les parcelles de son visage !

Parfois, il me racontait ses livres et choisissait des lectures pour moi.

Un matin, Mathieu me cueillit du jardin une brassée de roses impériales dont l'irréelle mais vive beauté me réveilla l'idée d'antithèse artistique :

— Je pourrais les mettre en broderie sous forme stylisée !

Illico, Mathieu se rendit à bicyclette chez le marchand pour me chercher les nunces de laine dont j'avais besoin.

Mais Mathieu s'entretenait aussi avec moi sur le passé.

— Mon grand-père, me raconta-t-il une fois, était descendu de ses montagnes avec toute la poésie des lointains crépusculaires.

L'extraordinaire de ses récits lui ont attiré ce surnom : le Conteur.

Mon enfance a été ensorcelée par ses incroyables narrations. Surtout par l'image de l'aïeule, Tudora de Vrancéa, et les sept fils entrés dans la légende à côté d'Étienne le Grand.

Mais toi, Élise-Marie, depuis quand connais-tu la vraie identité de ton père ? Il tenait à l'anonymat que je sache.

Avec beaucoup d'émotion, je retraçai le jour où à sept ans, je courus de l'école à la rivière pour me rafraîchir les joues et me lisser les cheveux.

— Pendant la récréation ? tressaillit-il. Et plaisanta :

— Tu t'es d'ailleurs échappée à la surveillance dès ton baptême... Et ensuite ?

— J'ai glissé dans l'eau. Je ne savais pas nager mais je me suis accrochée à une ramure. Toute ruisselante, j'allais rentrer quand un jardinier m'a coupé le chemin :

— Mais c'est la petite princesse Marie-Élise les Sauvegardeurs ! s'exclama-t-il.

— Moi ? Non ! j'ai riposté. Mon père s'appelle Pierre Paraschève.

— Pierre les Sauvegardeurs ! insista-t-il.

J'ai commencé à pleurer.

— Ne pleure pas, princesse, m'exhorta le vieil homme en embrassant l'ourlet de ma robe et mes petites mains.

Pierre les Sauvegardeurs est un grand nom, le plus noble au sud du Danube. C'est la lignée de Pierre. Depuis Pierre et Assan.

— Et la réaction de tes parents ?

— Mère m'a fait prendre un bain chaud. Mais ensuite, face à mon précoce intérêt pour son histoire, mon père a fini par me confier son merveilleux, son terrible secret, qu'il m'a complété plus tard :

... À l'origine de ses ancêtres dont il avait un formel rapport, il y eut les princes daces, concentrés en Transylvanie. Ces princes, dont le prestige avait survécu à la romanisation et surtout aux incursions barbares, ont assumé les formations politiques au milieu des Carpates.

— Comme Gélou, sur le Somés, Vlad au Banat et Menumorut en Crisana qui ont combattu les populaces en continuelle irruption, compléta Mathieu. Ces Voïvodes et d'autres Roumains sont mentionnés par les chroniques du temps, le rusé pseudo-Nestor, le notaire du roi Bela !

— Mais lors du dernier débordement sur la Transylvanie, quelques princes daces et des chevaliers, secondés par un groupe de jeunes volontaires daco-romains ont passé les montagnes vers le sud pour se coaliser avec les Roumains d'entre les Carpates et le Danube, revenir à poigne, chasser l'envahisseur. Ils ne doutaient guère qu'ils puissent organiser un grand assaut. Avec les trésors des rois daces …

— Des trésors ? interrompit Mathieu.

— Bien entendu, je repris. À part les richesses naturelles, tout le sol de cette région roumaine était rembourré de chaudrons d'or qui plus tard ont été pillés, falsifiés, fondus par les inconscients …

— Attends, attends, s'empressa Mathieu, la légende du roumain Jean Corvin de Huniade, le père de

Mathieu Corvin, confirme l'existence de ces trésors...
Toutefois, vois-tu, à l'époque, au-delà des Carpates
vers le Danube, les Roumains se ressoudaient à peine,
dans des cantons et des départements, derrière les
barbares ...

Éperonnée par ce climat de colloque (d'autrefois),
j'avançai avec ferveur :

— Justement. La vaillante équipe de patriotes s'y
est longtemps attardée pour obtenir un coup de main,
former ensemble une force libératoire et sauver la
Transylvanie. C'est alors que les Roumains plus éloignés, du sud du Danube, avec leur tsarat effondré, ont
fait appel à cet audacieux attroupement.

— Vraiment, tu en sais... fit Mathieu admiratif. Donc c'était ce groupe qui est descendu de
Transylvanie vers le sud !

Pour l'aider à tirer au clair quelques vérités, j'ajoutai encore :

— Le rêve de refaire l'empire romain pour englober tous les peuples en débâcle a exalté les princes. Il
y eut aussi les chevaliers du Danube et leurs tenants
à s'y joindre. Avec les princes daces, Pierre et Assan à
leur tête, ils ont traversé notre plaine par le biais des

rivières, ont franchi vers le sud le fleuve. Et là-bas, ils ont imposé le nom d'empire roumaino-bulgare...

Avec son lien direct de sang et de grand Idéal de cette lignée, mon père a été un éclair de Conscience, responsable face à l'existence humaine... Mon père...

Mes paroles s'achevèrent en soupirs.

Attendri, l'éclat rieur de ses yeux mouillés de peine, Mathieu répéta les mots du vieux jardinier :

— Ne pleure pas... princesse.

Ensuite il compléta :

— Si les ennemis ont pu coincer ton père dans ce village quand il détenait la fortune et la protection, comment leur échapper une fois les mains vides ?

— Mais il rehaussait l'esprit, relevait l'Homme vers le ciel !...

Mathieu hocha la tête :

— Tu n'es qu'une enfant ! Penses-tu que beaucoup de ceux, bien assis sur leurs places, auraient accepté ses leçons d'intransigeance morale ?

... Ne pleure pas. De nous deux, naîtront les futurs princes : les princes de l'esprit !

... Allons à l'auberge pour écouter la musique populaire et voir les danses...

Longtemps Mathieu évita les souvenirs. Pendant nos promenades, il discutait du présent, des projets immédiats, de livres.

Il y eut aussi les invitations chez les amis, chez la marraine. Plusieurs visites à ses parents, où seul son père demeurait taciturne comme une montagne dans le brouillard. Il y eut le mariage d'Ioâna, au chef-lieu de la contrée, avec un riche

propriétaire. Celui de Nicolas aussi, qui épousa Joëlle et ouvrit une auberge dans le voisinage. Un soir, Mathieu me fit la surprise :

— Dans une heure la calèche de mes Demoiselles sera là pour nous conduire au bal. Sois prête. Il y aura un ensemble instrumental de Vienne.

… Et jusqu'au bout de la nuit, dans un lointain tumulte, son regard adorateur me combla.

Nous rentrâmes au clair de lune. Mathieu me prit par la taille, comme d'habitude, pour m'aider à descendre, me contempla comme si à nouveau il venait de me découvrir.

… Alentour, les résilles de lumière ployaient sur chaque maison, clôture et arbre. La féerique nuit d'une autre existence ! D'un autre univers, où le soleil n'était que le papa de mon enfant ! …

— Il va s'appeler Victor ! leva la voix Mathieu, comme si de la naissance de l'enfant devait dater un triomphal départ.

Victor avait été le père des Demoiselles, les marraines de Mathieux. Mais pour Mathieu, ce nom devenait un symbole.

… Pendant que ma mère, avec ses petits pas et ses soins discrets, me donnait enfin l'occasion de la surprendre face à la genèse humaine.

Ce n'était ni le savoir ni le devoir qui l'amenait, mais une dévotion pour le visage de Dieu renaissant avec chaque existence. La grâce d'en être une prêtresse. Plus qu'une grâce ! Un sacrement !

… Et l'enfant grandissait dans un jour, comme pendant neuf. Et en neuf jours, comme en neuf mois …

Il me regardait avec douceur de ses prunelles marron, veloutées de rêve.

N'était-il pas plus attendri de mon affection que moi, de sa vulnérabilité ?

Je me demandais si, derrière son front blanc, il ne pressentait une vie en attente. Un prélude insoupçonné de la démesure divine.

Mon petit prince aux cheveux d'or !

Mathieu couvait d'amour l'enfant de mes bras et faisait jaillir de son violon les envols mélodieux de ses compositeurs aimés, de la musique populaire roumaine, ou bien les étincelles sonores de ses propres compositions.

Le bébé l'accompagnait avec les arpèges de rire. Parfois leurs yeux se cherchaient, se rencontraient pour l'échange muet du même extase musical.

À maintes reprises, quand Mathieu s'éloignait spirituellement de nous, envoûté par son art, l'enfant écoutait l'œuvre d'un bout à l'autre. De temps en temps il tressaillait. S'agitait. Le sourire inondait son visage.

Une fois Mathieu constata songeur :

— Il aime les grandes finesses du violon.

Et quand il le vit sautiller à son rythme et lever les mains à la même cadence, Mathieu s'exclama :

— On croirait qu'il dirige l'orchestre.

Ma petite sœur Jeanne venait souvent voir Victor. Elle lui faisait la risette, le joujou, et paraissait bien comprendre son patois.

Mais l'expression de l'enfant devenait un lever de soleil pendant le chant de son papa.

Avant de s'isoler dans son interprétation, Mathieu nous prévenait d'habitude quel était son programme : Vivaldi, Bach, Mozart, Beethoven, Paganini... Ou bien les danses roumaines.

Un soir le bébé qui n'articulait pas encore les mots, prononça clairement :

— Ni-ni …

— Veut-il dire Paganini ? se demanda Mathieu. Peut-être, à force d'entendre plus souvent les noms des musiciens que les nôtres, il les a mémorisés …

Mathieu rangea une partition sur son pupitre et se mit à exécuter un concerto de Bach.

Victor l'écoutait avec un sourire. Tout-à-coup, il répéta d'une voix protestataire : – Ni-ni !

Réfugié au lointain de la beauté entamée, Mathieu ne lui jeta même pas un coup d'œil.

— Ni-ni ! cria plus fort le petit.

— Ce n'est pas possible, fit Mathieu, attiré dans le tangible. Un bébé peut distinguer un compositeur d'un autre ? !

Et Mathieu commença un mouvement de Paganini, pour la joie du bébé.

— Avec ce sens musical, on va concerter ensemble, prédit Mathieu. Et son visage brillait de joie.

Émue jusqu'aux larmes, j'aurais tout fait pour l'accomplissement de ses projets …

Deux mois plus tard, malgré l'étreinte de mes bras, l'enfant se hissa tout feu tout flamme vers Mathieu qui cessa de jouer. Mais le bambin, au lieu de s'accrocher à son papa comme je m'y attendais, prit le talon de l'archet dans sa main. Et soulevé à la hauteur du violon, tira sur les cordes. Mathieu s'épouvanta :

— Marie-Élise ! À onze mois cet enfant frémit quand il pousse l'archet !

Que va-t-il devenir ?

Le grand rêve m'envahit. L'espoir d'un miracle.

Je me souvenais de mon père comme d'une déité solitaire qui avait essayé de transgresser les cercles de vie, en flèche, vers le zénith. Une déité, un Idéal, qui aurait pu se courber, s'entremêler dans l'anodine ronde humaine pour s'échapper à la contraire volonté du destin, aux foudres de cette force immuable …

Mais voilà, sur ses sillons de lumière, se levait un nouveau prince aux ondules d'or ! Mon bébé, dont la musicalité frôlait dès maintenant le phénoménal !

Interdit d'aimer !
Défense de rêver !

Ces sentences, au début invisibles, noircirent vite – à mon impression – les murs du château. L'Actuelle directrice de notre pensionnat et son équipage occulte, épiait mes promenades, soupçonnait mes regards rêveurs, incriminait mes songes. Et surtout, confisquait mes notes poétiques.

… Assassins de rêves ! Ils étaient toujours à l'affut, comme ils le furent plus tard, sur le point d'étouffer mon aspiration vers l'idéal. Mais surtout, prêts à s'en emparer.

Pourtant, je rêvais. Je vivais une existence en plus par-dessus ma vie. Celle qui prenait l'habit de l'écrit.

… Pendant que la lumière de mon étoile m'emmenait en ses voiles, en ses brises, en ses bises, en ses pages. En ses âges.

C'était l'après – Pâques de mes quinze ans, dans une heure de libre – je me mis au net : «Le jeune prince de la forêt, solitaire et fier passait, comme les songes. L'espoir. Le mythe. Le prince aux yeux d'ermite … »

Au moment où le contrôle arriva, je ne réussis qu'à tout jeter à l'intérieur de mon pupitre.

Haut les mains ! Toutes les élèves au mur !

C'était la directrice, notre professeur de chimie entre autres, qui fixait de ses pupilles d'oiseau nocturne. Accompagnée par Judith sa protégée, notre cadette d'un an de classe – qui nous tenait à l'œil avec un arbitraire humiliant.

La directrice me reprit pour point de mire. Acariâtre.

Étourdie ! Toujours dans les nuages ! m'apostropha-t-elle. Sinon pourquoi tressailles-tu ?

J'aurais voulu devenir invisible, m'évanouir au moins, pour éviter la remontrance.

Mais, malgré mon aspect frêle, j'avais une bonne constitution physique. Il ne me restait que le stoïcisme d'endurer, haut le font.

— Baisse la tête quand je te parle !, continua la directrice. « On dirait d'après ton maintien dédaigneux que tu portes une couronne princière ! »

— C'est pour justifier son prénom, railla Judith. Quelle idée ont eu ses parents de l'appeler Princesse !

… Mais Judith s'en prenait même à mes parents !?

Quant à la directrice, elle m'abreuvait de son sarcasme pour un petit carnet de réflexions confisqué en automne … Que ferait-elle en découvrant mes cent feuilles griffonnées depuis ?

Livide, j'interceptai la monitrice qui devait ouvrir les abattants de pupitres et les rabattre après l'inspection.

— Valyrène, je t'en supplie, mon cahier-à-rêves, juste au-dessus des livres …

Valyrène eut son sourire triomphant.

— Et tu vas le détruire. Promis ?

— Promis !

Au quatrième banc, Valyrène dissimula mon cahier dans un imperméable qu'elle jeta vers la penderie en grognant :

— Quel désordre chez nous !

Je l'attrapai avec désespoir en le cachant sous ma jupe à plis, les mains croisées sur le ventre, pour sauver mon bébé-rêve menacé de mort, par la mort.

Et dehors, aux toilettes, les décharges successives d'eau gargouillante engloutirent tour-à-tour, dans un chœur les cent feuilles sinistres, quelque chose de mon âme déchirée …

Ce fut enfin la récréation de quatre heures. La descente vers la nature avec, par-dessus les marches, des sautes et des voltiges comme vers les bras ouverts de ma mère.

Bonjour, Printemps !

Le grand parc m'accueillit, somptueux. Je m'élançais dans des folâtres arcs-en-ciel, sur les allées, remuant leur silence qui se recouchait derrière moi, ivre de senteurs.

Dans la basse forêt, le lac me présenta l'image du château arrêtée depuis deux siècles au fond de son miroir. Et resta muet.

« C'est ça », me dis-je. Dans le parc du château que j'aurais, s'y trouverait aussi un lac. Immense, avec un îlot. Et là, une tonnelle aux roses blanches aurait abrité, dans le tiroir d'une table de marbre blanc, mes rêves écrits …

Oui, j'irais pondre loin, très loin. Il n'y aurait de bateau que pour un prince aux yeux bleus d'ermite. Les assassins de mes rêves en seraient bannis …

Fascinée de cette perspective, je savourais, imaginaire, mon bonheur d'écrire en paix. Ce bonheur, ou plutôt cette nécessité vitale, dont le harcèlement venait à peine de commencer …

Brusquement, je fus récupérée par le tangible, avec des larmes aux yeux et un déchirement dans mes entrailles :

« Mon cahier ! Mon cahier à moi ! »

L'air, aux transparences vertes, parut alors frémir. Un souffle frais de sève et de tendre verdure effleura mes joues, en suave réconfort.

Et après quelques pas évaporés, les exubérances de cerisiers tardifs me prirent à bras le corps.

Je ressentis, entre les branches fleuries, l'élévation qui précédait toujours en moi l'imaginaire.

Fleurs.

Les instants purs de mes années accrochés aux rameaux.

L'espoir nu, réverbère dans l'abondance des pétales.

Ou bien, mon adolescence étonnée de sa propre splendeur.

À ma droite, la source d'eau, qui alimentait le lac, retombait par-dessus les roches dans un nid de pierres. Je voulus m'y voir.

L'onde éclaircit alors mon visage pâle, transfiguré.

Tiens ! Le prince charmant réfléchi dans la même poignée d'eau.

Incrédule, je levai le regard.

Sur l'agglomération de roches boisées, il me veillait, contemplatif. « Le prince aux yeux bleus d'ermite existe ! » Mon cœur s'émiettait, s'éparpillait en mille petits cœurs qui battaient à tout rompre dans la poitrine, les tempes, les mains, les pieds, jusqu'aux bouts des ongles.

Je pris la fuite. Jamais les jeunes hommes ne s'égaraient dans les confins d'un pensionnat austère comme le nôtre ! Cette idée me ramena cruellement dans le réel : « Interdit d'aimer ! Défense même de rêver ! » Mais, au lieu de remonter la pente au château, je m'éloignais vers les limites lointaines de la forêt, pour faire – à distance – le grand détour du lac.

Sur la passerelle d'un ru, à l'abri des pommiers sauvages, le prince charmant me coupa le chemin. Je sentis toutes mes forces refluer en moi. Mais son regard suivit mon esprit en recul. Et en discerna ce qui restait de ma vie : un timide remous de rêve, chaste et enfantin.

Sitôt, le silence flotta ses ailes parmi les arbres. Une tombe de pétales tourbillonna des pommiers sur nos têtes. Esquissa une mantille mouvante par-dessus nos bras.

Le jeune prince pencha légèrement son front vers moi, toucha le bout de ses doigts. Une irradiation insolite me traversa la poitrine. J'étais dans une attente présagée. Un prélude muet à l'extase. Les pétales ondoyaient. Dansaient. Tournoyaient en jeu de vagues. En vagues joueuses. À flots et à flux.

Les pétales sur nos cheveux. Sur nos jours. Sue nos doigts unis…

Combien de temps ? … Nul ne connait la mesure d'un prélude à l'éternité. J'étais loin quand je tournai la tête pour le revoir. Il demeurait immobile, au même endroit, sous la pluie de fleurs. Et me retenait de ses regards bleus. M'emmaillotait de pieds en cap. Je remuais les bras comme pour me dégager concrètement de ces étranges liens. Alors, prince et pétales fondirent dans l'ombre verte.

… Ne fut-il qu'un rêve ? La revanche de ma fantaisie provoquée par la destruction des cent feuilles ? Mon cœur scellé par l'image du prince battait à grande peine. Je devenais presque inerte. Et des arbres, le silence tombait mollement sur ma tête. Sur mes épaules.

Au château, la rumeur des collégiennes cascadait, juvénile, par les fenêtres ouvertes. À mon entrée dans la classe bourdonnante, j'avais l'air d'un chasseur. Le gibier, un bizarre fardeau de silence. Et au fur et à mesure que j'avançais entre les rangs vers mon quatrième banc, les groupes de répétition se taisaient, comme si mon lourd silence ruisselait de mes bras et les inondait l'un après l'autre. Un seul moment, Judith surgit sur le pas de la porte comme un signe d'exclamation. Puis s'en alla. Et le silence engloutit la classe entière.

Le lendemain après-midi, je m'envolais de nouveau dans le grand parc.

J'aimais ces vieux arbres taciturnes au souffle de fraîcheur vivifiante. Aucune autre élève ne tentait l'aventure dans ce vaste pays de voûtes ombreuses. Entre quatre et cinq heures, toutes se retrouvaient plus à l'aise au jardin de roses sur le même plateau que les édifices du pensionnat. Le bas ou le fidèle gardien du pensionnat se tenait comme une ombre, derrière chaque hure de bun.

La basse forêt devenait alors mon empire. Et mes évasions quotidiennes, une danse fantasque de pas, une grâce danseuse des rêves. Le jeune homme de la veille aurait-il été aussi une évidence imaginaire ? Je le cherchais en craignant que je le trouve. Je le fuyais avec le désir de le revoir.

Mais il n'y avait que le silence allongé sur les sentiers sableux. Sur les petits brins d'herbe. Dans la foulée blanche des cerisiers. Ou bien, noyé dans l'eau.

En m'écartant de la petite source, au lieu de suivre l'allée, je remontai à ma gauche la butte au belvédère. Le poète national, qui avait écrit sous ce toit la Quatrième Satire, serait-il hier après-midi ressuscité dans mon imagination ? Son portrait accroché me parut si hautain !

Je descendis vers le fond du parc. Ici, les reflets de lumière enchaînaient des balançoires sur les hautes branches et berçaient en l'air un million de petits silences… L'isolement de ce coin m'avait toujours garanti la solitude imperturbable. Et puis, ces murailles claustrant l'immense domaine du pensionnat, me rassuraient quant au danger. En même temps, leur contrainte aiguillonnait mon envol spirituel en hauteur.

Mais voilà, le prince de la veille, à cheval sur le vieux rempart ! Son regard intense prodiguait ? Ou mendiait ? Riait ? Ou pleurait ? Il glissa sur un rayon vert de lierre entrelacé. Tendit les mains vers moi :

— Je t'attendais, princesse … Bonjour !

— Princesse ?

Comment connaissait-il mon prénom ?

Je perçus de nouveau sa voix limpide et grave qui me semblait sourdre d'un monde féérique :

— Tu te tiens, Princesse, comme si tu portais une étoile sur ton front. Tu te

tiens comme si tu te promenais cette étoile à travers les constellations …

D'un coup, l'ombre verte s'irisa, se pulvérisa dans une rose clarté. Je pris la fuite, avec des lancées par-dessus les filets d'eau qui sillonnaient le parc. Il me poursuivit en plongeant de temps à autre dans les ravins, car ses bottes à lui jouaient des mauvais tours aux enjambées. Puis les bosquets de lilas se mirent en mouvement et me firent tomber. Mes nattes châtaines en longues ondulations par terre. Un faisceau de soleil alluma de minuscules foyers dans mes cheveux, et mes cheveux s'entrecroisèrent avec l'herbe, et l'herbe étincela, se mêla aux fibres de mon corps. À côté, à genoux, le prince me regardait de ses grands yeux bleus et se taisait.

Quand je réussis à me relever un peu, il me récita, sorcier :

« Dans tes yeux, couleur de la nuit, comme au tréfonds de l'horizon lointain, luit le rêve hautain, l'essor ailé. Dans tes yeux, l'abime d'étoiles jaillit … mystérieuses fontaines des infinis ! »

Je fermai les yeux, séduite. Et je le senti s'incliner pour me respirer.

Mais quand je descellai les paupières, il avait péri. Comment ?

Je vivais sans doute un comte bleu dont l'expression écrite n'était pas permise.

« Mais le prince existe, il m'aime ! »

Et longtemps, loin de toute autre vie humaine, je gardai la lumière du soleil sur mes bras. Sur mes bras, la lumière de mon prince.

Au pied de la tour, à l'entrée des élèves, Judith marqua mon arrivée en heurtant la porte contre le mur. Depuis son transfert à notre pensionnat, elle devenait chaque jour plus robuste, plus importante, avec son profil ferme d'aigle blanc. Un sourire moqueur brillantait ses lèvres charnues, et son regard pétillait de malice. À son passage assuré, ma rêverie changeait en prémonition.

À ma rencontre, sa froideur se dégradait en agressivité.

Aucune écolière n'osait comprendre pourquoi la directrice chaperonnait-elle Judith, au vu et au su de trois cent cinquante élèves ? Je réussis à franchir l'accès aux escaliers de la tour, sous ses regards fouineurs. Je regagnais en vitesse et toute essoufflée ma sale d'étude. Valyrène, la monitrice, me dévisagea pour prendre le vent. Les feux d'enfer flambaient la rouille de ses yeux. Ne cessait-elle d'être trop satisfaite pour m'avoir aidée à détruire les cent feuilles. Ce fut sur les dernières marches vers l'étage de classes, que je revis en bas Judith ! Derrière elle se tenait le gardien de nuit.

« Pourquoi fais-tu la chipie ? », aurais-je voulu lui demander. « On partage la même vie. » Mais je me tus.

Mes amies m'accueillirent avec la même compassion pour le sacrifice de mon Cahier-à-rêves : Hélène, au minois d'enfant mature. Lucie, décrochée d'un film aux stars. Didel, sagesse dormeuse aux traits effacés. Flory, née du terroir et de la graine …

Les sourcils d'Hélène, tracés vers un front blanc lacté, descendirent de leur envol d'hirondelle, comme chaque fois quand elle émettait ses jugements majeurs :

— Je ne trouve pas juste la chasse à tes poèmes ! Ta nouvelle vient d'être publiée dans la revue de l'école ! Quel drôle de deuxième numéro il y aura, si les notes poétiques sont confisquées !

Lucie parodia la directrice tout en frisant de son crayon ses longs cils :

— « Défense de rêver ! Le rêve conduit à l'amour, et l'amour au déshonneur. »

Flory se mit à rire aux éclats bruyants. Et Didel fit un blond signe d'apaisement : la monitrice dressait l'oreille vers nous.

Quand la cloche annonça le diner, j'entendis au fond de la classe :

— Vous n'avez pas vu le type qui remplaçait le prof de français chez les cadettes ! Il est superbe ! Je vais les conquérir, moi !

— « Les » ? Ou bien, « le », interrompit à haute voix Lucie. Et grimaça de nouveau la directrice en la paraphrasant :

— Interdit d'aimer avec ton français !

Mon prince professeur ? Le doute, la crainte même réduisaient à néant l'enchantement d'un si tendre secret.

Marie Filloud, surnommée Harpagon, me retint pendant la descente au diner :

— Je te propose une affaire.

— Affaire ! ?

— C'est ça. Je veux figurer dans la revue de l'école. Fais pour moi une rédaction libre. Tu as écrit pour d'autres.

C'était vrai. Lucie et moi, nous travaillions discrètement pour toutes les déshéritées du pensionnat.

— Tu sais, continua Marie Filloud, notre prof de littérature n'a pas appris que j'ai dû repasser l'examen. Et parce qu'on me considère la plus économe, elle en plaisante avec moi … je dois être à la hauteur.

Pauvre Marie Filloud (très riche, d'ailleurs !). Quand même, faire publier mon écrit à son nom !

— Je t'offre trente francs, négocia-t-elle. Ça tombe à pic, non ? Tu pourras t'acheter un cahier de luxe pour tes futurs poèmes.

Ce fut comme une gifle. … Et puis, trente francs ! Le prix de Judas. Car ce serait vendre ma création !

Et enfin, si cette avare m'avait offert une somme d'argent moins humiliante ! Nietzche avait eu raison, qu'on ne pourrait jamais corrompre l'homme à un prix minable. Ces trente francs raffermissaient ma vertu !

Je répondis sans plus prolonger mon tourment :
— Tu auras cette composition en cadeau de ma part.
— Merci …

Et les après-midis suivants, samedi et dimanche, quand la récréation de quatre à cinq heures était annulée, j'écris non seulement une, mais deux esquisses, que Marie Filloud copia méticuleusement sur son cahier.

Très tard, au dortoir d'un pavillon, la lampe était éteinte. Autour de moi, vingt-quatre jeunes filles sommeillaient, dans l'inertie de leur « dormance » première.

Dans la nuit transparente, j'inscrivais sur la couverture intérieure d'un livre :

« … Et la lune se tenait satinée
Sous les nues aux revers de bleu-vert.
… et la lune revenait aux clartés,
Rayons blonds à mes vers à l'envers.
Ses rayons me rivèrent d'air sévère
Le poème parodique à longue « ee ».

Soudain, le rayonnement lunaire, qui traversait les vitres, étincela dans mes yeux.

Je mis à l'abri les livres. Et sur les pointes des pieds nus, m'avançais vers la fenêtre.

Reflétée par les miroirs fixes aux heures :

La lune accrochait ses petits nœuds de nacre dans mes ondulations.

Dehors, la cour centrale restreinte par le château, ses deux pavillons et les bosquets de lilas, se baignait dans un clair liquide. Et au milieu, à toucher, la fontaine artésienne, voilà le prince ! Il demeurait immobile comme un faisceau de lumière.

Le prince !

Ne fut-il que le contour fictif de mon désir ?

Alentour, la lune cousait et décousait le paysage. Et fignolait que l'eau de fines portées musicales pour un chant de rossignol à peine perçu.

Je remuais les bras pour sortir du charme.

À ce moment précis, un sifflement me fit sursauter. J'entendis les sabots du gardien galoper avec lourdeur. Une balle tirée en l'air. L'aboiement. Et je vis la meute de chiens lâchés par cet épouvantable gardien.

Mon prince recula. Mais les chiens, déchainés, se ruèrent sur lui. Le clouèrent à terre. Le couvrirent.

J'étouffai un cri.

Ce fut le clabaudage assourdissant qui tira du sommeil plusieurs jeunes filles. De l'autre bout de la chambre, la surveillante, qui ne dormait que d'un œil, appela au calme. Et je dus me couler au lit avec mes soupirs d'effroi et d'impuissance. Mais en tâtonnant mon mouchoir sous l'oreiller, je découvris que l'enveloppe du livre avec la strophe écrite, à l'intérieur, m'avait été arrachée. Le lendemain, je ne pus pas me soustraire à l'inspection matinale d'allure propre.

L'image du jeune homme tombé sous la meute persistait devant mes yeux. Je ressentais les morsures des molosses dans ma propre chair.

« Combien de temps me faut-il » – je me demandais – « pour faire un saut jusqu'au fond du parc, où il y aura de ses nouvelles ? Combien de minutes ? » Et je comptais les secondes.

À l'arrivée de la voiture qui amenait les professeurs de la capitale, je réussis enfin à descendre du haut du château.

Il n'y avait qu'à franchir le perron qui réunissait les escaliers de la tour à la grandiose entrée principale. Par malchance Judith, en conversation avec la directrice, m'aperçut et lui attira l'attention :

— Étourdie ! Tu as pris la clef des champs ?

J'aurais voulu m'évanouir de honte. Comme il n'en fut rien, je dus porter ma croix. Les yeux vers les cieux. Les talons de nos augustes dames tambourinèrent sur le marbre du hall.

— Je proteste, riposta le professeur de science naturelle. Ces termes sont durs pour une élève si fine.

— On dirait un portrait de Raphaël avec les accolades souples, éthérées de son visage, ajouta la maitresse de dessins en me souriant.

La directrice rejeta l'intercession à sa façon mal dégrossie :

— Vous lui faites pousser des cornes, au lieu de la mettre au pas. Même la rougeur de ses joues prouve qu'elle triche avec le réalisme.

— Ce n'est pas le malhonnête qui rougit mais le maladroit, émit avec sobriété, d'en arrière le vieux professeur de psychologie et logique.

La directrice grinça des dents vers moi :

— Va-t'en.

Et pendant que je regagnais la tour, elle s'adressa aux autres :

— Savez-vous qu'elle a été capable d'écrire une élégie en souvenir d'une camarade morte ?

— Seulement une folle aurait pu battre la campagne.

La dernière que je perçus en remontant les escaliers fut Madame Verdes, enseignante à la littérature roumaine :

— Entre nous, madame la directrice, vous avez noté mal ce jeune talent à la conduite, pour avoir écrit l'innocente comédie dont vous étiez l'héroïne. Tout de même, elle fait partie de cinq élues qui ont composé notre première revue littéraire.

Et son aquarelle a été achetée à l'exposition des peintres !

Le grondement des nuages qui roulaient en fleuve par-dessus la raie du bois me suivait. Me poussait en avant de ma course désespérée vers le fond du parc. Le jeune homme surgit dans l'allée, superbe comme un archange, les bras ouverts sortis d'une pèlerine d'argent ;

— Bonjour, Princesse.

Il était donc sain et sauf !

Mon émotion fut si forte que j'explosai en sanglots alternés d'éclats de rire.

— Oh !, je balbutiai avec stupeur, en lui examinant le visage opalin, immaculé, son cou et ses mains d'une blancheur presque bleue. Sans aucune égratignure.

— Non, me rassura-t-il, je ne suis pas déchiré par les chiens. La petite princesse a été mon ange protecteur. Une meute entière n'a pu rien contre moi.

— Je continuais à rire et à pleurer.

— Alors ses bras m'entourèrent presque imperceptible. Et au bout des lèvres me toucha le front.

Ce fut comme le souffle de la forêt qui effaçait tout mon supplice.

— Tu as tant craigné pour moi ? s'enquit-il.

Sa voix profonde, attendrie, donnait du mouvement rêveur à mon esprit.

— Je ne sais même pas ton nom …

L'air devenait verdâtre. Quelques gouttes d'eau tombèrent parmi les branches feuillues. Je ne portais que le chemisier blanc d'uniforme et ma jupe marine. Il ôta son fastueux imperméable pour me couvrir. Et ajouta :

— J'avais lu seulement la nouvelle publiée. Mais tu as écrit une petite pièce de théâtre ! C'est merveilleux !

… Comment le savait-il ?

— J'étais derrière le professeur de psychologie.

— Ah !

— La directrice n'a pas d'humour …

Cette remarque désinvolte compensait la réprimande subie. Je ris enfin de bon cœur.

— Et ton nom ?, j'insistai timidement.
— Aleodor.
— Aleodor ? Comme dans le compte Aleodor l'Empereur ?
— Comme dans le conte …
L'enchantement éventa ses volants de voile vert.
« Aleodor … »
L'orage signa fulgurant sa venue.
Je le notai à peine, au-dessus de ma vue idolâtre, au-dessus du prince idolâtre. Son regard serein, de solitaire, contemplatif, devint une incandescence bleue, quand il me répéta :
— De tes yeux l'abîme d'étoiles jaillit … mystérieuses fontaines des infinis !

Combien de fois du monde aurait-il évolué autour de notre instant ? Sinon, s'était-il arrêté ?
L'ondée se précipita sur nos visages. Vite, à l'abri ! Au kiosque du poète sur la butte, le rire libérateur s'empara de nous. En réplique, la pluie crépita sur les millions de feuilles, de même qu'une salve d'applaudissement. Quelle animation s'amorça à la suite autour de nous, quelle allégresse ! D'abord, le vieux bois nous présenta une révérence. Puis, les géants

chênes, platanes et quelques heures redressèrent leurs dos gaillards, pour en suer une, à l'ancienne.

Les arbres acclimatés, les moins robustes, ne sachant pas sur quel pied danser, se tordaient. Et se tenaient les côtes. Un buisson sembla pouffer de rire.

Pendant que la pluie s'en donnait à cœur de joie, sur les feuilles, sur les flaques, sur le lac. Aleodor souriait de mes sourires. Mes éclats de gaité le rendaient gai. Mes larmes de rire heureux. Et quand le grand jeu de lances – à foudre – s'engagea dans l'atmosphère, il marqua les points d'après le reflet de mes prunelles. Et murmura :

— Si je n'avais jamais accepté Dieu, ta pureté seule m'aurait amené à y croire …

La cloche lointaine qui annonçait le repas du midi, aussi faible qu'elle fut, me rendit enfin lucide :

— Mon absence à table aurait pu être remarquée.

Encore un instant (peut-être une éternité ?) de nos regards confondus et je me précipitai nu-tête, sans pèlerine, sous le déluge.

Les menus torrents qui fourmillaient sur la butte, dans l'herbe, dévalaient sur mes chevilles. Comme pour me faire fuir. Comme pour me retenir. Et pénétraient dans mes chaussures. Et ressortaient hilares.

L'averse devenait si épaisse que je la perçais comme à la nage, les bras tendus en avant. Ses flots chutaient, dansaient sur ma tête. Culbutaient le long de mes cheveux en mèches. Me chatouillaient les paupières, le nez. Je distinguai enfin la multitude écolière qui attendait fenêtres du château et des pavillons, l'arrêt de la tempête pour descendre déjeuner. J'aurais voulu crier pour toutes les oreilles :

« J'aime ! Je l'aime ! Et il m'aime ! Entendez-vous ? »

Mais mon irruption dans la cour centrale fur pour les collégiennes pareil à l'arrivée d'un chef d'orchestre – la haute main sur le diapason désopilant. Un rire homérique détona de tous les étages. Les vitres cliquetèrent. Moi-même sous la pluie, au lieu de pitre figure, je leur faisais risette. Car j'apportais dans mon cœur un soleil qui rayonnait par tous mes pores.

Seule Judith me coupa le chemin, sur le seuil de la tour. Je ressentis alors jusqu'au sang les égratignures que ses yeux traçaient virtuellement sur mon visage.

Il ne me restait que le défi, haut le front. Et avant que je fasse un autre signe ou que je prononce un seul mot, la rancœur de Judith plia et je pus monter à la garde-robe.

La semaine en cours ne fut qu'une volée de songes papillonnant vers mon prince.

S'il te plait, Princesse, un coup de main.

Je t'en supplie, retouche au moins les contours de cette nature morte.

Aide-moi, je risque ma bourse d'étude si je n'ai pas la moyenne.

Je ne sais toujours pas si je bravais, ou bien je me dissipais à la continuelle écoute des sollicitations. Néanmoins, cette danse de feuilles blanches que j'imprimais à l'aquarelle, me donnait le secret sentiment d'être un démiurge. Sinon alors surement l'ange que Dieu avait chargé d'une palette et d'un pinceau pour peindre les ailes du monde. Et alors j'aurais tant aimé que mon prince qui m'avait nommée ange puisse le voir ! Mais tout en ombrant les planches, l'inquiétude ombrait mon cœur, occupait le cadre de la porte comme un signe d'exclamation.

Pourquoi surgissait-elle maintenant devant moi dans les passages et les escaliers derrière les portes, à chaque sortie, à chaque entrée ? N'avait-elle jamais de thème à faire pour le lendemain ?

Parfois, j'entendais les pas de notre directrice dans le couloir, ses pas pesants que les tapis ne pouvaient pas étouffer.

Sur les champs, planches et songes s'enroulaient dans les pupitres. Et Lucie, ma collègue de banc, fredonnait à mi-voix une chanson à la mode, dans un rythme endiablé :

« Quand de loin je t'aperçois, mon cœur bat, mon cœur bat. »

Le même auteur :

- **Le puits de Floriette** – prose, 77 pages
  Bucarest, 1955 (en roumain)

- **Le petit grillon** – conte en vers, 32 pages
  Bucarest, 1956, 1959, 1965, 1967, 1970, 1997, 2009 (en roumain)
  Canada, 2007, 2018 et 2021 (traduction en anglais)

- **Quatre enfants dans la grande forêt** – roman d'aventures, 216 pages
  Bucarest, 1961 (en roumain)
  Sofia, 1964 (traduction en bulgare)
  Brasov, 2014 (en roumain)

- **La lyre aux étoiles** (Chants des berceaux vides) – poèmes, 125 pages
  Bucarest, 1973, 1997 (en roumain)

- **Cœur d'or** – roman, 275 pages
  Paris, 1987 (en français)

- **Il y aurait une fois¼**(Les contes des étoiles) – contes, 274 pages
  Bucarest, 2001 (en roumain)
  Canada, 2009 (en français)

- **Quatorze nouvelles** – 220 pages
  Canada, 2007 (en français)

- **Adieu rêve ?** – roman, 413 pages
  Brasov, 2007 (en français)
  Canada, 2011 (en français)

- **Contes** – contes posthumes, 292 pages
  Canada, 2013 (en français)

- **Les adolescents** – roman, 264 pages
  Canada, 2015 (en français)

- **Voyage à Lille** – nouvelles posthumes, 67 pages
  Canada, 2018 (en français)

www.ingramcontent.com/pod-product-compliance
Lightning Source LLC
Chambersburg PA
CBHW042116100526
44587CB00025B/4068